CAMPEÕES QUE INSPIRAM

30 CAMPEÕES MUNDIAIS QUE FIZERAM HISTÓRIA

TEO BENEDETTI
ILUSTRAÇÃO: LUCA POLI

Todolivro

★ ★ ★
JAMAICA

USAIN BOLT

Raio: nome e natureza

NOME:
Usain St. Leo Bolt

APELIDO:
Lightning Bolt ou "raio humano"

DATA DE NASCIMENTO:
21 de agosto de 1986

LOCAL DE NASCIMENTO:
Trelawny, Jamaica

CARACTERÍSTICAS DISTINTAS:
O homem mais rápido do mundo

Os velocistas alinhados atrás dos blocos me observam de cima a baixo enquanto aceno para a multidão. Sinto a tensão, os nervos e a hostilidade ao meu redor. Cada atleta encara uma final com uma atitude mental e espírito diferentes, eu entendo isso. Mas eu – e não estou brincando ao dizer isso – sinto que estou exatamente onde quero estar, fazendo o que quero fazer. Feliz desse jeito. É como ser convidado para uma grande festa: você vai para relaxar, se sentir bem e aproveitar! Essa é a minha ideia de correr. Então vem o barulho da multidão! Não consigo viver sem isso! Não consigo parar de sorrir e de entreter os fãs. Como quando faço a pose *Lightning Bolt*. Porque essas coisas fazem parte do esporte. Além, é claro, de todo o treinamento que me trouxe até onde estou hoje. Porque você pode ter todo o talento do mundo, mas precisa treinar diariamente, não pode ficar parado. É por isso que sempre tentei correr mais rápido, ultrapassar os limites, deixar minhas pernas me dizerem o que fazer. O locutor nos convida aos blocos de partida: agora é o momento! Meu olhar segue as linhas que convergem na distância: cem, duzentos, infinito... Estou pronto para incendiar a pista. Antes de abaixar o olhar, encaro os outros velocistas, repetindo meu mantra: independentemente de quão longe e rápido você pense que irá, eu vou te alcançar!

ATLETISMO

BOLT

Recordes, vitórias e derrotas de um grande campeão

1

O padrão de passada perfeito

Ele venceu a final dos 100 metros nas Olimpíadas de Londres, em 2012, com 41 passadas. Isso se compara à média de 45 a 48 passadas usadas pelos outros finalistas. Uma passada de Bolt mede 2,44 metros, e ele precisa de um calçado tamanho 48!

2

Nascido para correr

O movimento dos braços e das pernas de Bolt é perfeitamente sincronizado, e isso permite que ele mantenha o equilíbrio durante uma corrida. Seus ombros estão perfeitamente alinhados com os quadris, o que torna sua ação de corrida mais eficiente em termos de energia.

3

Sempre brincalhão

Ele passou a infância ajudando os pais no negócio da família: fazendo entregas, pequenos trabalhos e correndo de um lado para o outro. Além disso, era conhecido por sua tendência a fazer palhaçadas, e nada parece ter mudado nesse aspecto!

4

Seu primeiro amor? O críquete

Na adolescência, praticou uma grande variedade de esportes, mas o que ele focou com maior interesse foi o críquete. Então, um dia, seu pai notou o talento de Usain como velocista e, a partir de então, o incentivou a ingressar no atletismo competitivo.

5

A primeira conquista histórica

Nos Jogos Olímpicos de Pequim, em 2008, ele se tornou o primeiro velocista a igualar o recorde de Carl Lewis: três medalhas de ouro em eventos diferentes. Infelizmente, a medalha conquistada no revezamento 4x100 foi revogada em 2017, quando um membro da equipe testou positivo para drogas.

"EU REALMENTE PRECISO?"

Aos 15 anos, ele participou do Campeonato Mundial Júnior em Kingston. Seu pai, Wellesley, lembra que Usain estava inquieto por deixar sua vila no limite da selva jamaicana para competir na capital da ilha. Mas, uma vez na pista, a futura lenda triunfou nos 200 metros, tornando-se o mais jovem vencedor da medalha de ouro em Campeonatos Mundiais Juniores da história.

OS FÃS ADORADORES

Bolt é famoso pelas celebrações teatrais antes e depois de suas corridas, cenas de alegria que enlouquecem os fãs e fotógrafos. Além da pose *Lightning Bolt*, o que gravou sua imagem na memória coletiva para sempre foi a maneira como seus braços se ergueram e se abriram ao cruzar a linha de chegada na final dos 100 metros das Olimpíadas de Pequim, em 2008.

4 PASSADAS QUE CONSTRUÍRAM A LENDA

O HOMEM QUE ESTABELECEU NOVOS RECORDES

Nos Campeonatos Mundiais de 2009, em Berlim, ele estabeleceu novos recordes mundiais nos 100 e 200 metros. O mesmo estádio já havia sorrido para Jessie Owens.

CAMPEÃO OLÍMPICO INCONTESTÁVEL

Ele conquistou medalhas de ouro nos 100 e 200 metros em três Olimpíadas consecutivas (Pequim 2008, Londres 2012 e Rio de Janeiro 2016).

DIETA E HÁBITOS DE CORRIDA NÃO ORTODOXOS

Ele venceu os 100 metros nas Olimpíadas de Pequim, em 2008, com um tênis desamarrado e após uma dieta pré-corrida de croquetes de frango frito!

CORRENDO PELO BEM DE TODOS

Ele deu seu nome a uma fundação criada para financiar projetos de desenvolvimento no esporte e nas artes: seu objetivo é preservar o meio ambiente.

EUA

KOBE BRYANT

EM BUSCA DA GLÓRIA

NOME:
Kobe Bean Bryant

APELIDO:
The Black Mamba (Mamba Negra), Showboat (Exibido)

DATA DE NASCIMENTO-FALECIMENTO:
23 de agosto de 1978 - 26 de janeiro de 2020

LOCAL DE NASCIMENTO:
Filadélfia, Pensilvânia, EUA

CARACTERÍSTICAS DISTINTAS:
A Mamba Negra é uma das cobras mais perigosas do planeta, e Kobe escolheu esse apelido para assustar seus rivais!

EU NÃO FALO MUITO FORA DA QUADRA DE BASQUETE, APENAS DEIXO MINHAS PERFORMANCES FALAREM POR MIM. É POR ISSO QUE PARA CADA CESTA, CADA REBOTE E CADA ASSISTÊNCIA QUE EU CRIO, LEMBRE-SE DE QUE ESTOU CONTANDO UMA HISTÓRIA. UMA HISTÓRIA SOBRE UM GAROTO QUE CRESCEU ENTRE DOIS MUNDOS, EUROPA E AMÉRICA, QUE DEDICOU CADA SEGUNDO DE SUA VIDA AO BASQUETE E QUE SEMPRE TEVE UM ÚNICO OBJETIVO CLARO: TORNAR-SE O MELHOR. SEI QUE PODE PARECER ARROGANTE OU PRETENSIOSO DIZER ISSO, MAS É A SIMPLES VERDADE: SEMPRE TRABALHEI DURO PARA ALCANÇAR ESSE OBJETIVO E TRANSFORMAR MEU SONHO EM REALIDADE. CLARO, TIVE MINHA COTA DE ATRITOS COM TREINADORES E COMPANHEIROS DE EQUIPE. MAS TODA VEZ QUE GANHÁVAMOS UM JOGO, EU ERA O PRIMEIRO A CORRER ATÉ ELES, ABRAÇÁ-LOS E AGRADECÊ-LOS POR ME DAREM A CHANCE DE FAZER O QUE FIZ. POR TRÁS DE TUDO O QUE ACONTECE NA QUADRA HÁ UM DESAFIO QUE VOCÊ PRECISA ENFRENTAR PARA ALCANÇAR SEUS OBJETIVOS, E EU SIMPLESMENTE NÃO CONSIGO RESISTIR A IR MAIS LONGE E MOSTRAR AOS FÃS QUE NÃO TENHO LIMITES!

BASQUETE

1 DIRETO DA ESCOLA PARA A GLÓRIA NA NBA

Diferente de muitos de seus colegas jogadores, Kobe escolheu não ir para a faculdade e estrear diretamente no basquete profissional. Ele se juntou ao Charlotte Hornets aos 17 anos e foi liberado para o LA Lakers quando completou 18!

2 INÍCIOS VITORIOSOS

Em sua primeira temporada com o Lakers, Bryant teve uma média de 7 pontos por jogo e venceu o Concurso de Enterradas (Slam Dunk Contest). Em sua segunda temporada, com uma média de 15 pontos, ele garantiu um lugar no quinteto do All-Star Game, tornando-se o jogador mais jovem da história a entrar para o primeiro time!

4 ARREMESSOS QUE CONSTRUÍRAM A LENDA

GAROTO DE OURO

Ele conquistou sua primeira medalha de ouro nas Olimpíadas de Pequim, em 2008, e a segunda quatro anos depois, em Londres. Em ambas as ocasiões, o "Dream Team" dos Estados Unidos derrotou os temidos espanhóis na final.

QUERIDO BASQUETE

Baseado em uma carta na qual anunciou sua aposentadoria do jogo, Kobe escreveu o roteiro de *"Dear Basketball"* (Querido Basquete), dirigido por Glen Keane, que ganhou o Oscar de Melhor Curta-Metragem de Animação em 2018.

DEIXANDO SUA MARCA

Ele dominou o ranking de artilheiros da NBA em 2006 e 2007. Em sua carreira com os Lakers, marcou mais de 33.000 pontos.

FECHANDO UMA CARREIRA GLORIOSA

Em 13 de abril de 2016, Kobe jogou a última partida de sua gloriosa carreira, marcando 60 pontos contra o Utah Jazz e levando seu time a uma vitória por 101x96.

3

No topo

Por duas décadas, ele vestiu o uniforme roxo e dourado do Los Angeles Lakers, conquistando o Campeonato da NBA cinco vezes, sendo três delas em sequência (2000-2002). Ele compartilha essa distinção com o lendário pivô Shaquille O'Neal.

ALEMANHA

MICHAEL SCHUMACHER

O CORAÇÃO E A MENTE DA VELOCIDADE

NOME:
Michael Schumacher

APELIDO:
Schumi, Rain Master (Mestre da Chuva), Rain King (Rei da Chuva), Red Baron (Barão Vermelho)

DATA DE NASCIMENTO:
03 de janeiro de 1969

LOCAL DE NASCIMENTO:
Hürth, Alemanha

CARACTERÍSTICAS DISTINTAS:
foco mental, talento, precisão

A Fórmula 1 é um esporte difícil e exigente. Quando eu estava correndo, meu carro exercia pressão sobre todos os músculos do meu corpo, e toda vez que eu fazia uma curva, toda vez que eu acelerava, parecia que eu estava levantando um peso enorme em movimento. Meu trabalho era tomar decisões rápidas sobre onde direcionar o carro. E se errasse, só havia um resultado: estava fora da corrida. Você pode entender por que eu precisava treinar muito para manter a forma física, mas também porque minha mente precisava permanecer totalmente focada para evitar erros. Toda vez que eu entrava no carro no grid de largada, sabia que tudo poderia acontecer. Por isso, era vital ter tudo sob controle e nunca relaxar. Muitas pessoas me chamam de Campeão, mas eu nunca vi dessa forma. Claro, eu quebrei alguns recordes e trouxe vitórias memoráveis para as equipes pelas quais corri. Mas, além do meu talento como piloto, houve longas horas de estudo e preparação. É por isso que, quando o motor solta aquele zumbido agudo e os giros aumentam, preciso estar pronto e reativo. Vencer nesse esporte é uma questão de estado mental do piloto. Você nunca deve apenas sonhar em chegar em primeiro. É preciso trabalhar sem parar para se tornar o melhor!

FÓRMULA 1

Recordes, vitórias e derrotas de um grande campeão

1 "Está chovendo muito: um ótimo dia para uma corrida"

Sua habilidade de dirigir em superfícies escorregadias é confirmada por uma estatística simples: das 30 corridas de Grande Prêmio que disputou em chuva torrencial, ele venceu 17. Por isso, ganhou os apelidos de "Rei da Chuva" e "Mestre da Chuva".

2 Nascido para vencer

Com sete títulos de Campeão Mundial (1994, 1995 e de 2000 a 2004), ele é o piloto de Fórmula 1 mais bem-sucedido de todos os tempos. Além disso, ele detém o recorde de mais vitórias em GPs (91) e mais vitórias em GPs (72) correndo pela mesma equipe (Ferrari).

3 "Você não precisa começar na frente"

Seu foco mental, talento e habilidade ao volante, combinados com sua capacidade única de prever os movimentos dos adversários, permitiram que ele vencesse 51 corridas sem começar na *pole position*.

4 Irmãos e rivais

Michael e Ralf são os únicos irmãos na história da Fórmula 1 a terem competido na mesma corrida e a terem terminado em segundo e primeiro lugares, respectivamente (Montreal, 2001).

5 Desafio final

No dia 29 de dezembro de 2013, ele sofreu um grave acidente de esqui. Desde então, o campeão tem lutado para voltar a ter uma vida normal, sempre apoiado por seus entes queridos.

4 trocas de marcha que construíram a lenda

"Papai, posso dar uma volta?"

Com apenas 4 anos, ele começou a dirigir karts construídos por seu pai, Ralf. Dois anos depois, venceu sua primeira corrida oficial.

Uma estreia para esquecer

Em seu primeiro Grande Prêmio de Fórmula 1, problemas na embreagem o forçaram a se retirar após apenas 500 metros da primeira volta!

Piloto com grande coração

Ele dedicou seu primeiro título de Campeão Mundial ao seu ídolo, o grande Ayrton Senna.

Ano perfeito

O ano de 2004 confirmou seu status como Campeão Mundial de Fórmula 1: 8 poles, 10 voltas mais rápidas, 15 pódios e 13 vitórias em GPs. Um feito impressionante!

Herança familiar

O ás alemão tem dois filhos, Gina-Maria e Mick. A primeira é uma talentosa amazona e campeã de Rédeas. O segundo seguiu os passos – ou melhor, as marcas dos pneus – do pai, provando seu talento na Fórmula 2 e na Fórmula 3.

Esportista incansável e um exemplo a ser seguido

Apaixonado por futebol, motociclismo e esqui, Michael é também embaixador da UNESCO e um renomado benfeitor. Mesmo com uma agenda intensa, ele encontrou tempo para emprestar sua voz ao *Ferrari F430* no popular filme de animação "*Carros*".

EUA

KELLY SLATER

DOMADOR DE ONDAS

NOME:
Robert Kelly Slater

APELIDO:
O Rei, Slates, Kells, Rei Kelly

DATA DE NASCIMENTO:
11 de fevereiro de 1972

LOCAL DE NASCIMENTO:
Cocoa Beach, Flórida, USA

CARACTERÍSTICAS DISTINTAS:
O maior surfista da história

De vez em quando, ouço as pessoas dizerem: "*Você tem que ser louco para surfar.*" Pensando bem, acho que é um pouco arriscado: você está lá entre as gigantes furiosas que podem sugá-lo em um instante. Tudo o que separa você das ondas é sua prancha, que é incrivelmente escorregadia! Então, você precisa manter o equilíbrio e a cabeça no lugar, surfando com a certeza de que, a qualquer momento, você pode ser pego pela onda e ser derrubado. E é aí que eu entro! Quando olho para o oceano rugindo, tudo o que vejo é um enorme parque de diversões. É como se algo na minha mente traçasse linhas invisíveis que me guiam pelas ondas, mostrando o caminho a seguir. Claro, já tive minha cota de lesões – basta olhar para os meus pés – mas não consigo resistir ao desafio de tentar me tornar um só com o oceano, de surfar a crista de uma onda até que ela desmorone e a água se transforme em uma espuma branca e furiosa. É nesse momento que sei que posso pular da prancha e remar de volta para encontrar outro caminho através das ondas que só eu consigo ver.

SURFE

1

Rivalidade familiar

Desde a infância, ele viveu à sombra de seu irmão mais velho, Sean. Onde quer que Sean se destacasse como esportista, o único objetivo de Kelly era superá-lo. Por isso, Kelly seguiu Sean até as ondas!

2

Na crista da onda

Kelly venceu 56 competições da Liga Mundial de Surfe e foi 11 vezes Campeão Mundial de Surfe. Ele não foi apenas o surfista mais jovem a conquistar o título (aos 20 anos), mas também o mais velho (aos 38 anos).

4 ONDAS QUE CONSTRUÍRAM A LENDA

ONDAS DIGITAIS

Ele é o protagonista de "Kelly Slater's Pro Surfer", um videogame de surfe considerado um dos jogos mais emocionantes e realistas do esporte já criados.

ONDAS TEMPESTUOSAS

Em Peniche, em Portugal, surfando ondas gigantescas em meio a ventos fortes, Kelly executou uma lendária manobra de 540 graus. Isso aconteceu em 2014.

QUANDO EU CRESCER, QUERO SER...

Quando criança, primeiro Kelly queria ser ventríloquo, depois comediante stand-up ou ator. Então, aos oito anos, quando se equilibrou pela primeira vez em uma prancha de surfe, ele soube que a única coisa que queria fazer na vida era... surfar.

ESSE GAROTO TEM O QUE É NECESSÁRIO

Entre os 12 e os 16 anos, Kelly venceu quatro Campeonatos Nacionais Americanos para não profissionais.

3

Estude primeiro

Apesar do constante apelo das ondas, Kelly decidiu obter o diploma do ensino médio antes de se dedicar corpo e alma ao surfe. Ele seguiu o conselho de um amigo, que lhe disse: "*Se você não terminar a escola, nunca terminará nada na vida!*"

ITÁLIA

FEDERICA PELLEGRINI

Diva do estilo livre

NOME:
Federica Pellegrini

APELIDO:
La Divina

DATA DE NASCIMENTO:
05 de agosto de 1988

LOCAL DE NASCIMENTO:
Mirano, Itália

CARACTERÍSTICAS DISTINTAS:
Rápida, intensa, uma vencedora de alto nível.

NATAÇÃO

Antes de cada corrida, quero ficar sozinha. Não quero falar com ninguém e não quero fazer nada. Eu simplesmente me sento e penso. Anos atrás, eu usava música para me concentrar, mas agora não: preciso encontrar o silêncio dentro de mim, mesmo que a piscina ecoe com barulho. Olho ao redor e penso nas milhares de horas que passei na água ou ao lado da piscina enquanto meu treinador me dizia onde e como melhorar minha performance. Penso em quantas vezes repeti os mesmos movimentos, tentando ir mais rápido, encontrar mais impulso, mais força. Desde minha primeira corrida, quando era menina, soube que a natação era minha vida e que a única maneira de vencer era com muito trabalho e dedicação. Ouço meu nome ser anunciado nos alto-falantes: chegou o momento de colocar tudo em prática. Em poucos minutos, saberei se os anos de sacrifício e preparação valeram a pena. Me posiciono no bloco de partida, sem deixar transparecer a menor emoção. OK, admito: estou tão tensa quanto uma mulher pode estar. Mas também estou pronta para entrar em ação e começar a agitar a água. Ao som da sirene, eu mergulho. Meus braços e pernas me impulsionam para frente. O som da água fluindo me acalma enquanto meu corpo abre caminho na piscina. Finalmente encontro o silêncio que estava buscando.

F. PELLEGRINI

Recordes, vitórias e derrotas de uma grande campeã

1 **Coração europeu**

Federica Pellegrini é a única nadadora italiana – masculino ou feminino – a ter conquistado quatro títulos europeus consecutivos (Budapeste 2010, Debrecen 2012, Berlim 2014 e Londres 2016).

2 **Lenda viva**

Ela competiu nas Olimpíadas de Tóquio 2020, sua quinta participação consecutiva nos Jogos Olímpicos. Federica buscava encerrar sua carreira com mais um feito extraordinário!

3 **Bebê da água**

Seu primeiro contato com a piscina foi ainda muito jovem. Antes mesmo de aprender a andar, Federica já sabia se mover na água. Aos seis anos, ela convenceu os pais a matriculá-la em aulas de natação.

4 **Início impressionante**

Aos 14 anos, competiu em seu primeiro Campeonato Nacional Italiano nos 200 metros estilo livre. Essa estreia promissora a levou ao pódio para receber a medalha de bronze.

5 **Técnica e potência**

Uma atleta altamente técnica, com grande concentração natural, Federica nunca para de se desafiar, apesar de suas conquistas fenomenais. Ela ainda segue rotinas de treino rigorosas, que sempre foram a chave para seu sucesso.

Alegrias Olímpicas

Ela competiu em 4 Olimpíadas, conquistando sua primeira medalha de prata nos 200 metros livre com apenas 16 anos (Atenas 2004). Assim, tornou-se a primeira italiana a subir ao pódio. Quatro anos depois (Pequim 2008), presenteou a Itália com sua primeira medalha de ouro na natação feminina.

Eles não conseguem mantê-la fora do pódio

Ela é a primeira nadadora da história a aparecer no pódio do Campeonato Mundial oito vezes consecutivas por suas performances nos 200 metros estilo livre. Entre Montreal 2003 e Gwangju 2019, ela conquistou quatro medalhas de ouro, três de prata e uma de bronze.

4 braçaçadas que construíram a lenda

Nascida para quebrar recordes

Entre 2007 e 2009, Federica estabeleceu 11 novos recordes mundiais no estilo livre e, até hoje, continua sendo a recordista mundial nos 200 metros e europeia nos 400 metros.

Tudo o que reluz...

Em uma carreira brilhante, ela conquistou 53 medalhas internacionais, incluindo Olimpíadas, Campeonatos Europeus e Mundiais. Em nível nacional, ela acumulou incríveis 100 medalhas de ouro.

Dupla campeã mundial

Ela foi a primeira nadadora a conquistar dois títulos mundiais consecutivos nas mesmas provas: 200 e 400 metros livre.

Estrela da piscina e das capas de revista

A "*Swimming World Magazine*" a elegeu como "Nadadora Mundial do Ano" em 2009 e "Nadadora Europeia do Ano" em 2009, 2010 e 2011.

EUA

LINDSEY VONN

VONTADE DE FERRO

NOME:
Lindsey Caroline Vonn, nascida Kildow

APELIDOS:
Don Don, Linds, Kildon

DATA DE NASCIMENTO:
18 de outubro de 1984

LOCAL DE NASCIMENTO:
Saint Paul, Minnesota, EUA

CARACTERÍSTICAS DISTINTAS:
Talento versátil no esqui

Acho que devo ter caído pelo menos mil vezes ao longo da minha vida sobre esquis. Desde a primeira vez que os calcei, com dois anos e meio de idade, eu sabia que também teria que aprender a me levantar novamente. E descer mais rápido e melhor do que antes. E isso é realmente o que o esqui significa: compromisso, sacrifício e, acima de tudo, uma enorme força de vontade para superar todos os contratempos, como as graves lesões que sofri. Cada vez que sofri uma queda feia, aprendi a suportar o tratamento e voltar à *pista*... determinada a vencer! Porque, para ser completamente honesta, nunca perdi a esperança e sempre acreditei que tudo daria certo se eu simplesmente me dedicasse 100%. E tem outra coisa: eu simplesmente não consigo resistir a um desafio! Isso explica por que, toda vez que passo pelo portão de largada e começo a descer as pistas, atingindo velocidades de até 130 km/h, me sinto feliz e pronta para assumir os riscos necessários para conquistar outra vitória! E sempre faço isso com um sorriso nos lábios!

SKI

1

MEDALHA APÓS MEDALHA

Lindsey Vonn é a esquiadora mais premiada da história. Ela conquistou o primeiro lugar em 82 corridas da Copa do Mundo, vencendo o troféu da série quatro vezes. Nos Jogos Olímpicos de Inverno, ela conquistou três medalhas individuais, incluindo o ouro em Vancouver em 2010, e quatro medalhas em equipe com seus colegas norte-americanos.

2

"RENDIÇÃO" NÃO ESTÁ NO VOCABULÁRIO DELA

Apesar de ter sofrido diversas lesões (algumas graves, como em 2006), ela nunca desistiu. Em 2017, sofreu uma lesão nas costas durante o Super-G em Saint Moritz, mas uma semana depois já estava no pódio em Val d'Isère!

4 SLALOMS QUE CONSTRUÍRAM A LENDA

ESTÁ NO SANGUE

Foi com seu avô, Don Kildow, que construiu um dos primeiros resorts de esqui em Wisconsin, que ela aprendeu as noções básicas do esqui.

VOU USAR ISSO PARA VER NO QUE DÁ

Devido à sua altura e estrutura física (1,78 m e 73 kg), Lindsey prefere usar esquis e equipamentos projetados para homens.

ANIMAIS E REDES SOCIAIS

Ela adora animais e possui várias vacas e uma cabra. Seus três cães, Lucy, Leo e Bear, têm milhares de seguidores no Instagram!

FRIO? NÃO, OBRIGADO!

De acordo com comentários publicados na imprensa, Lindsey não gosta de gelo e frio. Quem sabe o que ela teria conquistado se gostasse!

3

TALENTO PRECOCE

Desde a infância, o talento de Lindsey para o esqui já era evidente. Para desenvolver esse talento, ela e sua família fizeram muitos sacrifícios, como mudar-se para Vail, Colorado, um dos resorts de esportes de inverno mais famosos e bem equipados do mundo.

SUÍÇA

ROGER FEDERER

PRECISÃO SUÍÇA

NOME:
Roger Federer

APELIDOS:
Federer Express,
The Swiss Maestro
(Maestro Suíço), Maestro

DATA DE NASCIMENTO:
08 de agosto de 1981

LOCAL DE NASCIMENTO:
Basileia, Suíça

CARACTERÍSTICAS DISTINTAS:
Elegância, força,
foco, dedicação

TÊNIS

Quando tudo começou? Por volta dos três anos de idade. Estava com meus pais no Clube de Tênis, peguei uma raquete e comecei a bater a bola contra a parede. Achei muito divertido, então continuei em casa, batendo a bola contra o guarda-roupas. Era incrível ouvir o som da bola quicando no chão, batendo nas cordas da raquete e voltando. Meus pais não reclamaram do barulho. Na verdade, me colocaram em aulas de tênis, e foi assim que meu treinamento começou. E enquanto copiava o que meu treinador mostrava, um princípio básico começou a se formar na minha mente: neste esporte, o treinamento mental vem primeiro, o físico vem depois. Claro, preciso estar em boa forma física antes de entrar em quadra, mas, se minha mente não estiver em sintonia com meu corpo, já perdi o jogo. Em cada partida que jogo, cada troca de bolas já aconteceu na minha cabeça antes de acontecer na quadra. Isso significa que meu foco precisa ser total. Também preciso saber quando deixar a bola passar por mim, às vezes cedendo o ponto. Não sei bem como colocar isso em palavras. Talvez seja uma questão de total compromisso e sacrifício. O tênis é um desafio constante, que consome tudo. E, se me vir chorar no final de uma partida, é porque, finalmente, posso liberar meus sentimentos. Sentimentos que eu sufoquei para manter o foco até o fim!

R. FEDERER

Recordes, vitórias e derrotas de um grande campeão

1

"Te vejo na final"

Em nada menos que 19 torneios de Grand Slam, começando por Wimbledon em 2005 e terminando com o Aberto da Austrália de 2010, Federer sempre chegou à final. Apenas uma vez ele não conseguiu se classificar, perdendo para Novak Djokovic na semifinal!

2

Duplas misturadas

Durante os Jogos Olímpicos de Sydney em 2000, Federer conheceu Miroslava Vavrinec, que jogava pela equipe feminina da Suíça. Mais tarde, ela se tornaria sua esposa, dando à luz dois pares de gêmeos – dois meninos e duas meninas! Após se aposentar do esporte, Miroslava se tornou agente de Roger.

3

Saque para o Haiti

Em 2010, com colegas como Andre Agassi, Pete Sampras e Rafa Nadal, Federer participou de um torneio beneficente para arrecadar dinheiro para o povo do Haiti, atingido por um terremoto devastador. O evento arrecadou um milhão de dólares em uma noite de classe esportiva e bom humor.

4

Números que te deixam tonto

Federer conquistou 20 títulos de Grand Slam no individual, dominando o ranking mundial por não menos que 310 semanas, das quais 237 foram consecutivas. Durante um período de quatorze anos, de 2002 a 2016, quando não era o número 1 do mundo, nunca saiu do top 10!

5

O jogador perfeito!

O estilo de Roger Federer pode ser descrito como a combinação perfeita entre o tênis clássico e moderno. Muito forte em todas as partes da quadra, ele possui um *forehand* (uma direita) tão rápido quanto fluido, enquanto seus saques são sempre poderosos e elegantes.

Roger e Rafa

Durante quatro anos, Federer e Rafa Nadal foram, respectivamente, número um e dois no ranking mundial. A intensa rivalidade esportiva entre eles produziu alguns dos confrontos mais emocionantes já vistos em uma quadra de tênis, como a final de Wimbledon de 2008, em que o espanhol venceu após 4 horas e 48 minutos de jogo!

Jogando o jogo

Desde a infância, além do tênis, Federer se interessava por outros esportes, como badminton, críquete, futebol e basquete. Ao praticar esses esportes, ele conseguiu melhorar sua resistência, agilidade e, acima de tudo, sua coordenação motora. Essa última habilidade seria muito útil para sua futura carreira no tênis!

4 jogadas que construíram a lenda

Homem do mundo

Roger fala quatro idiomas (inglês, alemão, alemão suíço e francês). Ele se vira em italiano e sueco e tem passaportes suíço e sul-africano!

Ouro olímpico

Nos Jogos Olímpicos de Pequim 2008, ele foi eliminado nas quartas de final do individual masculino por James Blake, mas conquistou uma histórica medalha de ouro nas duplas com Stan Wawrinka.

Campeão e altruísta

Em 2003, ele fundou a fundação que leva seu nome para financiar projetos educacionais na África do Sul e na Suíça. Além disso, ele é Embaixador da UNICEF.

Humano como todos nós

Ele foi derrotado em sua primeira partida no circuito profissional e perdeu sua primeira final no circuito da ATP contra Lucas Arnold Ker, da Argentina.

ARGENTINA

DIEGO A. MARADONA

A MAGIA DO NÚMERO 10

NOME:
Diego Armando Maradona

APELIDOS:
El Pibe de Oro
(O Garoto de Ouro)

DATA DE NASCIMENTO - FALECIMENTO:
30 de outubro de 1960 -
25 de novembro de 2020

LOCAL DE NASCIMENTO:
Lanús, Argentina

CARACTERÍSTICAS DISTINTAS:
Número 10 por excelência com um pé esquerdo mágico

FUTEBOL

Ou você me amava ou me odiava: não havia meio termo. Cada vez que eu tocava na bola, ouvia o barulho dos torcedores nas arquibancadas e o apito dos apoiadores rivais. Os zagueiros enviados para me parar sempre se sentiam mal por ter que interromper a magia de Maradona. E eu sabia que eles nunca poderiam me deter porque eu era tão imprevisível! Ao longo da minha carreira, sempre tendi a ignorar jogadas ensaiadas: eu controlava a bola com o pé esquerdo, dava um leve toque e, em seguida, acelerava. Eu saltava sobre adversários que caíam como pinos de boliche ao meu redor. Eu avançava em direção ao gol ou tocava a bola com delicadeza, mudando a direção do jogo para o outro lado do campo. Cada jogo era uma festa, e eu me divertia muito criando novas maneiras de deixar os zagueiros parecendo bobos ou inventando chutes que ninguém conseguia parar. E eu sabia que ao meu lado havia nove homens prontos para me passar a bola ou correr para marcar a partir de uma assistência minha. Por isso era ainda mais divertido quando eles marcavam, porque, mesmo sendo o jogador-chave, eu sempre jogava pelo time!

1 **"Pare-o, custe o que custar!"**

O jogador que ninguém conseguia parar foi alvo de 53 faltas na Copa do Mundo de 1986 no México. Em uma única partida contra a Itália (Espanha 1982), ele foi vítima de 23 entradas violentas. Ambos os números são tristes recordes do grande campeão argentino.

4 FINTAS QUE CONSTRUÍRAM A LENDA

HERÓI NACIONAL

Ele foi capitão da seleção nacional em um recorde de vezes, tornando-se Campeão Mundial no México (1986). A Argentina também foi vice-campeã na Itália (1990).

UMA HOMENAGEM DE HONRA

Jogando pelo Barcelona contra o Real Madrid, Maradona driblou um zagueiro e o goleiro, marcando um gol com precisão. Os torcedores do Real o aplaudiram de pé!

NÁPOLES: UM CASO DE AMOR

Seu talento explodiu literalmente quando jogou pelo Nápoles, conquistando dois históricos campeonatos italianos e a Copa da UEFA.

LENDA VIVA

Ele é classificado como o quinto na lista dos "Maiores Jogadores do Século XX". À sua frente estão Pelé, Johan Cruyff, Franz Beckenbauer e seu compatriota Alfredo Di Stefano.

2 Internacional Juvenil

Ele fez sua estreia profissional aos 15 anos pelo Argentinos Juniors, e um ano depois vestiu pela primeira vez a camisa azul e branca da seleção argentina, estreando internacionalmente contra a Hungria.

3 Controle Absoluto

Durante as quartas de final no México (1986), em uma partida contra a Inglaterra, Maradona marcou primeiro o polêmico gol com a mão e, depois, o "Gol do Século", driblando cinco adversários e o goleiro em um espetacular percurso de 50 metros.

ROMÊNIA

NADIA COMĂNECI

FORÇA FEMININA

NOME:
NADIA ELENA COMĂNECI

APELIDO:
NANA

DATA DE NASCIMENTO:
12 DE NOVEMBRO DE 1961

LOCAL DE NASCIMENTO:
ONEȘTI, ROMÊNIA

CARACTERÍSTICAS DISTINTAS:
PERFEIÇÃO

GINÁSTICA ARTÍSTICA

DIZEM QUE FIZ COISAS INCRÍVEIS, MAS PARA MIM, TUDO ERA APENAS ROTINA. NÃO QUERO PARECER ARROGANTE. AQUILO ERA O QUE EU FAZIA O TEMPO TODO: ROTINAS. O QUE VOCÊS VIRAM EM TODAS AS MINHAS PERFORMANCES EM COMPETIÇÕES NÃO ERA MAIS DO QUE O RESULTADO DE DIAS INTEIROS PASSADOS NO GINÁSIO. SEI QUE ISSO NÃO SOA MUITO ESPECIAL. E ESTOU SENDO HONESTA QUANDO DIGO QUE EU ADORAVA TREINAR, REALMENTE ADORAVA. SE BÉLA, MEU TÉCNICO, ME DIZIA PARA REALIZAR SEIS ROTINAS COMPLETAS, EU FAZIA OITO. SE ELE DIZIA, "*JÁ CHEGA POR HOJE*", EU RESPONDIA, "*NÃO PODEMOS CONTINUAR?*" ISSO PORQUE FAZER GINÁSTICA ME FAZIA SENTIR REALMENTE BEM, E AINDA FAZ. APÓS UMA COMPETIÇÃO, EU IA À PRAIA COM MEUS PAIS PARA UM DESCANSO DE CINCO DIAS. NO ENTANTO, MESMO LÁ, NA PRAIA, EU NÃO CONSEGUIA FICAR PARADA: SEMPRE TINHA QUE ME MEXER, TENTAR NOVAS ROTINAS. FAZIA CAMBALHOTAS, ESPACATES, E MINHA MÃE RESMUNGAVA, DIZENDO QUE EU DEVERIA DESCANSAR. MAS EU NÃO CONSEGUIA PARAR DE ME MOVER: ERA ALGO QUE EU SIMPLESMENTE TINHA QUE FAZER! CADA VEZ QUE EU TENTAVA UMA NOVA ROTINA, ULTRAPASSAVA MEUS LIMITES, ESTABELECIA NOVOS, E ENTÃO... OS SUPERAVA TAMBÉM! EU ERA ESSA GAROTA VIVENDO UMA AVENTURA INCRÍVEL, ONDE TUDO ESTAVA SENDO DESAFIADO O TEMPO TODO. E ISSO ME DEIXAVA TÃO FELIZ PORQUE EU ESTAVA VIVENDO UM SONHO ONDE PODIA FAZER O QUE QUISESSE. E EU FAZIA. E, BEM... O CONTO DE FADAS ERA REAL!

Recordes, vitórias e derrotas de uma grande campeã

1 **Conquistando a Europa**

Aos 13 anos, Nadia competiu no Campeonato Europeu em Skien, onde ela conquistou as manchetes ao ficar em primeiro lugar em todos os aparelhos, exceto na trave, obtendo ouro no salto, nas barras assimétricas e no individual geral. No solo, ela ficou em segundo lugar.

2 **Seu coração bate... e continua batendo**

Depois de se aposentar, Nadia ganhou notoriedade como benfeitora. Entre os projetos que apoiou, destacam-se um hospital para crianças doentes em Bucareste e uma associação que financia a luta contra a distrofia muscular.

3 **Um recorde que nunca será quebrado**

Ela se tornou campeã olímpica aos 14 anos. Como as regras atuais exigem que as ginastas tenham pelo menos 16 anos para competir, esse recorde nunca será superado.

4 **Em seu nome... uma esperança**

Enquanto estava grávida de Nadia, sua mãe assistiu a um filme russo cuja heroína, chamada Nadia, a impressionou particularmente. Ela decidiu dar o mesmo nome à filha, que significa "esperança".

5 **Criança prodígio**

Nadia começou na ginástica no jardim da infância e, aos seis anos, já havia sido descoberta pelo técnico Béla Károlyi, que a matriculou em sua escola para jovens talentos.

Caos na tecnologia dos Jogos Olímpicos!

Nos Jogos Olímpicos de Montreal, em 1976, Nadia realizou uma rotina perfeita nas barras assimétricas, recebendo 10.00 dos juízes! Foi a primeira vez na história que uma ginasta alcançou a pontuação máxima. Para surpresa do público, o placar eletrônico exibiu apenas 1.00: não conseguiu processar uma pontuação de quatro dígitos!

Atleta olímpica adolescente

Ainda em Montreal, Nadia recebeu a pontuação máxima de 10 em nada menos que sete ocasiões, conquistando três medalhas de ouro (individual geral, trave e barras assimétricas), uma medalha de prata (por equipes) e uma de bronze (solo). Nos Jogos de Moscou, em 1980, ela adicionou mais duas medalhas de ouro e duas de prata à sua coleção!

4 arcos que construíram a lenda

Garota pequena, grandes planos

Ela é a ginasta mais jovem a ganhar medalhas nos Campeonatos Nacionais da Romênia, fazendo sua estreia aos nove anos de idade.

Dois corações, um centro

Ela se casou com o ginasta medalhista de ouro olímpico Bart Conner, e juntos eles administraram uma Academia de Ginástica onde milhares de jovens ginastas foram treinados!

Rumo ao ocidente

Em 1989, ela fugiu do regime de Ceaușescu na Romênia. Sua deserção causou grande comoção. Após uma fuga emocionante, ela chegou aos EUA, reivindicando asilo político.

Uma honra dupla

Ela é a única atleta a ter recebido a medalha da Ordem Olímpica duas vezes (1984 e 2004). Esta é a maior honraria concedida pelo Comitê Olímpico Internacional.

JESSE OWENS

Correndo para uma vida melhor

NOME:
James Cleveland Owens

APELIDOS:
The Buckeye Bullet (A Bala de Buckeye), Jesse

DATA DE NASCIMENTO:
12 de setembro de 1913

LOCAL DE NASCIMENTO:
Oakville, Alabama, EUA

DATA DE FALECIMENTO:
31 de março de 1980

CARACTERÍSTICAS DISTINTAS:
Desde a infância, ele trabalhava para ajudar sua família: seus pais, seis irmãos e três irmãs.

Sou afro-americano, nasci pobre e a vida colocou uma série de obstáculos no meu caminho. Reagi da única maneira que sabia: baixei a cabeça e corri o mais rápido que pude em direção ao meu objetivo. Consegui, venci, mas mesmo com quatro medalhas de ouro ao redor do meu pescoço, as pessoas continuaram a olhar para a cor da minha pele e se recusaram a aceitar que um atleta negro pudesse ser tão superior a um homem branco a ponto de se tornar uma lenda. E ainda assim, na pista das Olimpíadas de Berlim, conheci outro velocista: ele era branco, alemão e... nazista! Pelo menos era isso que diziam sobre ele, mas ele era apenas um jovem que amava o que fazia, e nós criamos uma amizade que ia além das diferenças étnicas e das tensões entre nossas duas nações. Porque o esporte é algo que une e nos torna iguais em um desafio onde o respeito é essencial, e onde todos apoiam seus colegas atletas e celebram suas vitórias. E pensando bem, conhecer aquele cara branco, cujo nome era Luz, foi como ganhar minha quinta medalha de ouro olímpica!

ATLETISMO

1 Amizade em tempos de tensão

Apesar das tensões entre os EUA e a Alemanha nazista, uma relação próxima se desenvolveu entre os competidores Owens e Luz Long, a ponto de Luz oferecer conselhos técnicos que ajudaram Owens a vencer o salto em distância.

2 Quatro vezes ouro olímpico

Nas Olimpíadas de Berlim de 1936, ele ganhou fama mundial ao conquistar quatro medalhas de ouro (nos 100 e 200 metros, no revezamento 4x100 metros e no salto em distância). Seu recorde permaneceu por décadas, sendo igualado apenas por Carl Lewis!

4 PASSADAS QUE CONSTRUÍRAM A LENDA

CORRIDAS INIMAGINÁVEIS

Para espalhar sua fama como o homem mais rápido da Terra, ele participou de eventos curiosos, competindo contra cavalos, cães e motocicletas.

VOCÊ TEM MUITO A OFERECER, JESSE

O primeiro técnico a reconhecer seu talento foi Charles Riley, que o incentivou a praticar atletismo no ensino fundamental.

JC, NÃO JESSE

O nome Jesse foi resultado de um erro. Quando a professora perguntou seu nome, o futuro campeão murmurou "JC", mas ela escreveu "Jesse" no registro!

A HERANÇA DO CAMPEÃO

Um dos momentos-chave do calendário de atletismo dos EUA é o prêmio anual Jesse Owens, concedido ao atleta com desempenho excepcional.

3

Campeão esquecido

Devido à segregação racial, o tetracampeão olímpico não recebeu nenhum agradecimento oficial dos presidentes Roosevelt e Truman. Apenas Gerald Ford, em 1976, concedeu-lhe reconhecimento oficial, premiando-o com a Medalha Presidencial da Liberdade.

EUA

MICHAEL PHELPS

O HOMEM-PEIXE

NOME:
Michael Fred Phelps II

APELIDOS:
The Baltimore Shark (Tubarão de Baltimore), The Cannibal from Baltimore (Canibal de Baltimore)

DATA DE NASCIMENTO:
30 de junho de 1985

LOCAL DE NASCIMENTO:
Baltimore, Maryland, EUA

CARACTERÍSTICAS DISTINTAS:
Recordista em série: 8 medalhas em uma mesma Olimpíada; 4 medalhas de ouro no mesmo evento em quatro Olimpíadas diferentes.

NATAÇÃO

Aqui vamos nós novamente. Segundos antes do início. Ajusto minhas duas toucas de natação e os óculos, depois tiro o roupão. Respiro fundo algumas vezes, faço alongamentos – tanto com os braços quanto com as pernas – e então subo no bloco de partida. O locutor anuncia meu nome, e eu levanto o braço para acenar ao público que me adora. Respondo aos aplausos com o que pode parecer um sorriso um pouco estranho. Todas essas pessoas vieram me ver vencer e me apoiar. Escuto atentamente os últimos sons vindos dos fãs. Digo "últimos" porque, na piscina, tudo é abafado, e a única coisa que ouço minha respiração cadenciada e o som das minhas mãos desferindo golpes na água, gerando diversas formas. Subo no bloco de partida e me agacho, pronto para o sinal. Meu olhar se move ao longo da superfície da água na minha raia. Conheço bem a sensação. A água me chama. Como acontece todos os dias durante meus rigorosos treinos na piscina, sei que estou voltando ao meu elemento natural. Algumas pessoas me chamam de "O Tubarão", talvez porque eu devore distâncias e adversários sem misericórdia. Outros dizem que meu corpo foi perfeitamente projetado para a água. Tudo o que sei com certeza é que, quando a água me envolve, me sinto totalmente relaxado, totalmente em casa. E aqui vamos nós novamente: 3, 2, 1...

M. PHELPS

Recordes, vitórias e derrotas de um grande campeão

1

Filantropo

Em 2008, ele fundou a Michael Phelps Foundation, com o objetivo de promover, por meio da natação, um estilo de vida saudável e ativo entre crianças.

2

Cronograma de treinamento intenso

Ao longo de sua carreira, ele treinava seis dias por semana, cinco horas por dia, percorrendo mais de 80 km na piscina por semana.

3

"Estou um pouco tonto"

A energia que ele queimava na piscina precisava ser constantemente reposta, e sua dieta gerou um escândalo: Michael consumia cerca de 10.000 calorias por dia!

4

Números escritos na água

Entre 2001 e 2009, ele estabeleceu 39 recordes mundiais em 8 eventos diferentes. Em 16 anos de competições, de 2000 a 2016, conquistou 83 medalhas (66 de ouro, 14 de prata e 3 de bronze).

5

O maior campeão olímpico de todos os tempos

Phelps conquistou mais títulos do que qualquer outro atleta na história das Olimpíadas modernas: com 23 medalhas de ouro, ele lidera a lista de honrarias, superando Larisa Latynina, Paavo Nurmi, Mark Spitz e Carl Lewis, que ganharam "apenas" 9.

"TALVEZ EU DEVERIA DAR UMA CHANCE À NATAÇÃO"

AOS 7 ANOS, ELE PRATICOU UMA VARIEDADE DE ESPORTES: NATAÇÃO, FUTEBOL, LACROSSE E BEISEBOL. GRAÇAS ÀS SUAS IRMÃS MAIS VELHAS, WHITNEY E HILARY, AMBAS NADADORAS, E AO CONSELHO DO TÉCNICO BOB BOWMAN, AOS 12 ANOS ELE DECIDIU SE CONCENTRAR EXCLUSIVAMENTE NA NATAÇÃO.

VENCENDO DE OLHOS FECHADOS

DURANTE A FINAL DOS 200 METROS BORBOLETA NAS OLIMPÍADAS DE PEQUIM 2008, ÁGUA ENTROU EM SEUS ÓCULOS QUANDO PHELPS ENTROU NA PISCINA. ELE NADOU OS ÚLTIMOS 50 METROS PRATICAMENTE DE OLHOS FECHADOS, MAS ISSO NÃO O IMPEDIU DE GANHAR A MEDALHA DE OURO!

4 PERNADAS QUE CONSTRUÍRAM A LENDA

PRECISO MESMO COLOCAR A CABEÇA DEBAIXO D'ÁGUA?

ELE TINHA TANTO MEDO DE COLOCAR A CABEÇA DEBAIXO DA ÁGUA QUE O PRIMEIRO ESTILO QUE APRENDEU FOI NADO COSTAS.

JOVEM TALENTO PROMISSOR

AOS 15 ANOS E NOVE MESES, ELE SE TORNOU O NADADOR MAIS JOVEM A QUEBRAR UM RECORDE NOS 200 METROS BORBOLETA.

CINCO RECORDES MUNDIAIS

NO CAMPEONATO MUNDIAL DE 2003 EM BARCELONA, ELE ESTABELECEU CINCO NOVOS RECORDES MUNDIAIS.

ORGULHO LOCAL

EM BALTIMORE, SUA CIDADE NATAL, UMA RUA RECEBEU SEU NOME APÓS SEU TRIUNFO NAS OLIMPÍADAS DE 2004.

EUA

BABE RUTH

O REBATEDOR QUE REBATIA SONHOS

NOME:
George Herman Ruth

APELIDOS:
Babe (Bebê), The Sultan of Swat (O Sultão do Taco), Home Run King (Rei dos *Home Runs*)

DATA DE NASCIMENTO:
6 de fevereiro de 1895

DATA DE FALECIMENTO:
16 de agosto de 1948

LOCAL DE NASCIMENTO:
Baltimore, EUA

CARACTERÍSTICAS DISTINTAS:
Rebatedor forte, arremessador canhoto, excelente defensor externo.

Vou ser direto: tive uma infância difícil, rebelde e cheia de encrencas! Digamos que eu era uma daquelas crianças que precisavam ser domadas. Não vou contar agora algumas das coisas que fiz, mas – e isso parece estranho – foi graças ao que fiz que acabei em um instituto religioso. Claro, tive que aprender a fazer camisas, o que não me animava muito, mas os monges que administravam o lugar me disseram que eu deveria tentar jogar beisebol, que talvez isso me ajudasse a liberar um pouco de energia. Pensei a respeito e disse "*sim*". Afinal, eu só precisava acertar uma bola com um bastão de beisebol. Ok, no começo não é fácil acertar aquela bola, mas quando você acerta, dá uma sensação incrível. Você vê a bola subindo no céu e depois descendo como uma estrela cadente. E eu acertei muito aquela bola. Quero dizer, muitas vezes! Cada vez que eu acertava aquela bola, meu coração subia com ela até o céu, e eu me sentia feliz, cheio de alegria, como uma criança que finalmente consegue acertar depois de errar o tempo todo. Acho que talvez seja por isso que me chamaram de Babe...

BEISEBOL

1 **STRIKE HISTÓRICO**

Em 4 de abril de 1919, em uma partida contra o NY Giants, uma bola rebatida por Babe Ruth percorreu 175 metros. A façanha foi testemunhada por 4.300 fãs em êxtase. Até hoje, é considerado o *home run* mais longo já registrado.

2 **TÍTULOS DE REBATIDAS**

Ao longo de sua carreira, Babe Ruth venceu 7 World Series (3 com o Boston Red Sox e 4 com o New York Yankees). Ele foi 12 vezes líder em *home runs* da Liga Americana e 6 vezes líder em corridas impulsionadas da Liga Americana (RBI).

4 HOME RUNS QUE CONSTRUÍRAM A LENDA

VOCÊ NUNCA VAI CONSEGUIR PEGÁ-LA!

Ruth era conhecido como um rebatedor excepcional de *home runs*. Em 1927, ele estabeleceu um novo recorde de 60 *home runs* em 154 jogos. O recorde permaneceu até 1961.

JOGADOR DE BEISEBOL COMPLETO

Ele começou sua carreira como arremessador canhoto e, durante os anos de 1920 a 1935, tornou-se o maior defensor externo do New York Yankees de todos os tempos.

REBATEDOR RECORDISTA

O recorde histórico de Babe Ruth de 714 *home runs* em uma única temporada foi finalmente superado por Hank Aaron em 1974, após permanecer por 50 anos.

HOMENAGEM AO CAMPEÃO

Seu velório foi realizado no Yankee Stadium. Durante os dois dias em que o corpo do Campeão esteve em exposição, mais de 100.000 pessoas passaram pelo local para prestar suas últimas homenagens.

3

Número 3

Ele foi incluído no Hall da Fama do Beisebol em 1936, um ano após encerrar sua carreira. Foi então que, em sua homenagem, o Yankees retirou a camisa com o número 3. Ele usou aquela camisa durante as 15 temporadas em que levou o time de NY à vitória.

BRASIL

AYRTON SENNA

O VENCEDOR PERFEITO

NOME:
Ayrton Senna da Silva

APELIDOS:
Beco

DATA DE NASCIMENTO:
21 de março de 1960

LOCAL DE NASCIMENTO:
São Paulo, Brasil

DATA DE FALECIMENTO:
01 de maio de 1994

CARACTERÍSTICAS DISTINTAS:
Velocidade em forma humana.

Lembro do rugido daquele carro de corrida passando a 300 km/h. Eu me lembro do rugido daquele carro de corrida enquanto passava voando a 300 km/h. Eu não estava dirigindo naquela hora, mas estava usando um macacão de piloto que me servia como uma luva e me fazia sentir uma só pessoa com o homem que estava. Lembro de pensar que queria ir até o limite, descobrir onde ele estava e então ir além. Isso era uma forma de loucura? Nunca pensei assim, porque cada vez que eu corria, sentia que tinha entrado em um mundo paralelo, onde gesto e instinto se fundiam. Era como se minha mente fosse um motor funcionando em rotação máxima, sem nunca consumir combustível. E em cada curva, eu estava sempre ciente da melhor trajetória a seguir. A maioria das pessoas dizia que ninguém conseguia pensar nessa velocidade, que tudo acontecia rápido demais, mas eu conseguia. Eu sabia exatamente o que tinha que fazer. Mas, para chegar a esse nível, eu tinha que conhecer cada circuito de corrida como a palma da minha mão – suas curvas, chicanes e retas. Mas, no fim do dia, quando os pneus deixavam marcas de borracha na pista e o grito dos motores acelerados enchia o ar, por que eu era o cara que vencia? O que decidia eram meus instintos e reflexos. Era assim e sempre será para mim. E para as pessoas que ficaram ao meu lado até o fim.

FÓRMULA 1

Recordes, vitórias e derrotas de um grande campeão

1 O outro príncipe de Mônaco

Ele triunfou nada menos que seis vezes no complicado circuito urbano do Grande Prêmio de Monte Carlo. Seu recorde ainda permanece.

2 O duelo com Alain Prost

A rivalidade entre o brasileiro e o piloto francês – inicialmente companheiros de equipe na McLaren – produziu uma série de colisões e manobras de alta velocidade em praticamente todos os circuitos do mundo.

3 Viciado em adrenalina

Senna realizava ultrapassagens com um estilo tipicamente agressivo, muitas vezes se aproximando muito do rival, forçando-o a abrir espaço ou correr o risco de sair da pista.

4 Falha na caixa de câmbio? Sem problemas!

Durante o Grande Prêmio do Brasil de 1991, uma falha na caixa de câmbio o obrigou a dirigir as voltas finais em sexta marcha. Apesar desse pequeno contratempo, ele conseguiu vencer a corrida!

5 Maior segurança para os pilotos

Após sua morte trágica, pesquisas contínuas foram realizadas para monitorar a segurança dos pilotos, incluindo o Halo (proteção aprimorada para o capacete) e o HANS (proteção para o pescoço e cabeça).

4 VOLTAS QUE CONSTRUÍRAM A LENDA

FATOS QUE FALAM POR SI

Três vezes campeão mundial de Fórmula 1 (1988, 1990 e 1991), Senna foi o primeiro a cruzar a linha de chegada em 41 corridas de Grande Prêmio, e esteve na pole position em 65 ocasiões.

O CAMPEÃO, O SER HUMANO

Durante a qualificação no Grande Prêmio da Bélgica de 1992, Ayrton parou para ajudar o piloto Erik Comas, que havia se envolvido em um grave acidente.

CAMPEÃO COM UM GRANDE CORAÇÃO

O Instituto Ayrton Senna foi criado por sua família após sua morte, mas já havia sido idealizado pelo piloto algum tempo antes. A ONG financia projetos que ajudam mais de meio milhão de crianças.

PARA QUE NUNCA NOS ESQUEÇAMOS

Todos os veículos da Williams – equipe pela qual Ayrton corria quando sofreu o acidente fatal – possuem uma homenagem ao grande piloto aplicada à lataria.

A morte prematura do campeão

A vida de Senna foi tragicamente interrompida em um acidente fatal durante o GP de San Marino, em Ímola. Uma ironia cruel do destino: ele carregava uma bandeira austríaca em seu carro, que pretendia acenar em homenagem à memória de Roland Ratzenberger. O austríaco havia perdido a vida na mesma pista no dia anterior.

Detalhista

Ayrton Senna sempre dava 100% na pista. Vencer era a única coisa que importava. Para isso, ele prestava atenção minuciosa a cada detalhe de seu carro, realizando verificações constantes, até mesmo solicitando aos mecânicos que trocassem um pneu levemente riscado.

ITÁLIA

VALENTINA VEZZALI

Na ponta de um florete

NOME:
Valentina Vezzali

APELIDOS:
The Tigress (Tigresa)

DATA DE NASCIMENTO:
14 de fevereiro de 1974

LOCAL DE NASCIMENTO:
Jesi, Itália

CARACTERÍSTICAS DISTINTAS:
culta, tensa, exigente

Toda vez que subo na *pista* e coloco minha máscara, sinto uma onda de emoção. Pouco antes do juiz dizer "*À vous*" (A vez é sua), sinalizando o início do combate, percebo que estou pronta para agir e desferir o ataque decisivo. Uma mistura especial de adrenalina, raiva, determinação e alegria me invade – uma emoção que só a esgrima pode proporcionar. Sou eu contra meu oponente, e o embate termina em uma dança ágil de movimentos cuja música é o som das lâminas se encontrando, como chuva batendo em um telhado de metal. Essa dança exige dedicação total, resistência além dos limites e uma elegância de gestos que é fruto de longas sessões na academia. Cada segundo do combate parece durar para sempre: eu realizo fintas, desvios, respostas ofensivas e estocadas até que a ponta do meu florete penetre as defesas da minha adversária e atinja o seu colete à altura do coração.

O sistema eletrônico sinaliza um toque e uma luz verde se acende. "*Touché!*" grita o juiz. Mas eu não ouço o grito, porque já tirei minha máscara e estou pulando de alegria!

ESGRIMA

1 De lenda para lenda

Valentina começou a praticar esgrima aos seis anos, frequentando a escola fundada por Ezio Triccoli, o lendário esgrimista italiano que aprendeu a arte enquanto estava preso durante a Segunda Guerra Mundial.

2 A escola italiana

Junto com Giovanna Trillini e Elisa di Francisca, Valentina fez parte da equipe italiana que dominou o florete feminino por mais de duas décadas, tanto nos Jogos Olímpicos quanto nos Campeonatos Mundiais.

4 ESTOCADAS QUE CONSTRUÍRAM A LENDA

CRIANÇA PRODÍGIO

Em seu primeiro torneio de esgrima, com apenas oito anos, ela derrotou todas as adversárias, incluindo garotas três anos mais velhas!

GARANTIA DE MEDALHA DE OURO

Ela subiu ao pódio olímpico cinco vezes consecutivas na categoria de florete individual. A primeira foi nos Jogos de Atlanta em 1996, e a última em Londres, 2012.

NO TOPO DO MUNDO

Ela conquistou nada menos que nove medalhas olímpicas e vinte e cinco medalhas em Campeonatos Mundiais! Este número impressionante faz dela a esgrimista mais condecorada de todos os tempos!

NEM MESMO A DOR PODE ME PARAR

Apesar de ter um ligamento rompido no joelho, ela competiu no Campeonato Mundial em Turim (2006) e ganhou a medalha de prata.

3 **"Ensinando-os a vencer"**

Após se aposentar das competições, ela começou a treinar jovens na categoria de florete, transmitindo os valores que a levaram ao topo do mundo: consistência, espírito de sacrifício e, acima de tudo, a determinação de nunca desistir.

EUA

MUHAMMAD ALI

Força e elegância

NOME:
Muhammad Ali, anteriormente Cassius Marcellus Clay Jr.

APELIDOS:
The Greatest (O Maior)

DATA DE NASCIMENTO:
17 de janeiro de 1942

DATA DE FALECIMENTO:
03 de janeiro de 2016

LOCAL DE NASCIMENTO:
Louisville, Kentucky, EUA

CARACTERÍSTICAS DISTINTAS:
Forte, rápido, carismático

BOXE

Tudo começou quando alguém roubou minha bicicleta. Me lembro disso até hoje: eu tinha 12 anos e me senti tão mal, tão furioso, que queria encontrar o ladrão e lhe dar uma boa surra. Um policial me disse que talvez fosse melhor se eu treinasse um pouco antes, porque dar um soco era uma arte, e não apenas um ato de violência sem sentido. Aceitei o desafio. Isso porque sou teimoso, e quando decido algo na vida, nunca volto atrás. Treinei muito... Subi no ringue e comecei a lutar. As pessoas viram a maneira como eu dançava e dava golpes, e logo repetiam: "*flutua como uma borboleta e ferroa como uma abelha.*" Isso se tornou meu lema. Para ser honesto, os lutadores que recebiam meus socos sentiam cada um deles e caíam como sacos de batatas. O boxe me trouxe fama e glória, e eu usei isso para falar sobre muitas coisas fora do esporte. Isso surpreendeu muita gente, mas sempre acreditei que o boxe é o vestiário, enquanto o verdadeiro ringue é o mundo dos problemas sociais. É por isso que lutei pela causa dos direitos humanos, defendendo os negros na América, denunciando a inutilidade da guerra, fazendo campanha em nome das populações em dificuldade. E, mesmo que eu tenha levado muitos golpes baixos em resposta, nunca recuei, porque minha força interior é muito maior do que as injustiças do mundo.

KO

Recordes, vitórias e derrotas de um grande campeão

1 Olimpíadas de Roma ao Título Mundial de Pesos Pesados

Com 18 anos, Cassius Clay ganhou a medalha de ouro nas Olimpíadas de Roma de 1960. Seu talento no ringue deslumbrou adversários e público. Quatro anos depois, já como lutador profissional, derrotou Sony Liston, então campeão mundial de pesos pesados.

2 Combate na Selva

Em 1974, no Zaire, em uma luta travada ao amanhecer, Ali desafiou e derrotou George Foreman, o então campeão mundial dos pesos-pesados. Assim, ele reconquistou o título que havia sido retirado dele sete anos antes.

3 "Ali, você fala demais!"

Um grande campeão dentro do ringue e uma figura notável fora dele, Ali tornou-se famoso pelas declarações que fazia à imprensa. Além do boxe, ele abriu debates públicos sobre questões sociais, como o respeito à comunidade afro-americana nos Estados Unidos.

4 Mestre do estilo

Diferente de seus rivais, que confiavam na força bruta, Ali desenvolveu um estilo baseado em movimentos fluidos e reflexos rápidos. Apesar de sua estrutura imponente, ele era capaz de aplicar combinações de socos devastadoramente rápidas, usando seu grande alcance e desviando a cabeça de golpes de retorno.

5 Seu Último Desafio

Mesmo sofrendo de Parkinson, que praticamente tirou o controle de seu corpo, Ali foi o último portador da tocha que acendeu a pira olímpica nos Jogos de Atlanta de 1996. Este gesto demonstrou grande dignidade e força de espírito, enquanto o mundo assistia admirado.

"Diga não à guerra!"

Em 1967, três anos após vencer o título Mundial dos Pesos-Pesados, ele se recusou publicamente a ser recrutado pelo Exército dos EUA para lutar no Vietnã. Por desafiar abertamente a lei e dizer não à guerra, Ali foi preso e teve seu título retirado. Ele só voltaria a lutar em 1970.

A Cor de um Campeão

Apesar de ganhar a medalha de ouro pelos Estados Unidos nas Olimpíadas, Ali enfrentou constantemente o racismo dos americanos brancos. Certa vez, ao entrar em um bar com sua medalha de ouro no pescoço, foi recebido com a frase: "Não servimos negros aqui."

4 golpes que construíram a lenda

Todos os homens são criados iguais

Ele sempre lutou pela integração racial entre brancos e negros, apoiando as marchas pelos Direitos Civis lideradas pelo Reverendo Martin Luther King Jr.

Nocauteado por um estudante

Em 1963, ele encenou uma luta com Patrick Power, um jovem fã que sofria bullying na escola primária. Power acertou um golpe que levou o campeão ao chão, mostrando que todos os problemas podem ser resolvidos.

Combate em Manila

A luta final pelo título Mundial dos Pesos-Pesados entre Ali e Joe Frazier aconteceu em um encontro brutal em 1975. Sob um calor sufocante, o campeão (Ali) derrotou o desafiante no décimo quinto round com um nocaute técnico.

O balanço final de Ali

Ali lutou 61 combates, venceu 56 e perdeu apenas 5 vezes. Ele foi incluído no Hall da Fama Internacional do Boxe e no Hall da Fama Mundial do Boxe como um dos maiores lutadores profissionais de todos os tempos.

BÉLGICA

EDDY MERCKX

"CANIBAL" EM UMA BICICLETA

NOME:
Édouard Louis Joseph Merckx

APELIDOS:
The Cannibal (O Canibal),
Einstein sobre duas rodas,
The Giant (Gigante)

DATA DE NASCIMENTO:
17 de junho de 1945

LOCAL DE NASCIMENTO:
Meensel-Kiezegem, Bélgica

CARACTERÍSTICAS DISTINTAS:
Gênio do sprint
(corrida de velocidade)

Eles costumavam me chamar de "O Canibal" porque diziam que eu nunca deixava carne nos corpos dos meus rivais, tamanha minha vontade de *devorar* cada corrida. Quando ouço isso, me faz rir: na verdade, tudo se resume a estar em forma e ter a vontade de vencer! Mas, acima de tudo, é sobre o meu amor por bicicletas! Eu nunca vou esquecer minha primeira bicicleta de corrida. Comprei-a em um plano de financiamento e, para pagar as prestações, arrumei um emprego de férias entregando leite. Levei quinze meses para pagar o valor total. Acredite em mim quando digo que essa foi minha "*corrida*" mais difícil. Poderia dizer que foi a primeira de muitas, porque o ciclismo é sobre percorrer distâncias sem nunca perder de vista seu objetivo final, o que você deseja alcançar. É claro que você precisa de concentração total e um físico excepcional, mas acima de tudo, precisa de força de vontade para fazer isso. Quando pedalo por planícies ou subo montanhas tão íngremes que tiram o fôlego, ainda encontro a motivação daquele garoto que entregava leite, o garoto com um sonho no bolso: ter uma bicicleta que permitisse competir e, quem sabe, um dia... vencer!

CICLISMO

1

"CHUVA? QUEM SE IMPORTA?"

Em 1970, apesar de uma chuva torrencial que tornou as condições quase impossíveis, Eddy venceu a Paris-Roubaix com uma vantagem de 5 minutos e 21 segundos sobre o rival mais próximo, provando assim sua capacidade quase sobre-humana de dominar uma corrida.

4 SUBIDAS QUE CONSTRUÍRAM A LENDA

UMA ESTREIA MUITO MOLHADA

Em sua primeira corrida como amador, ele pedalou sob uma chuva torrencial que derrubou nada menos que doze ciclistas. Ele cruzou a linha de chegada na sexta posição.

BELGA DE BICICLETA: DA LOMBARDIA À LIGÚRIA

Primeiro a vencer nada menos que 7 edições da Milano-San Remo, ele detém o recorde absoluto de vitórias nessa clássica do ciclismo de estrada na Itália.

PEDALANDO PARA O LIVRO DOS RECORDES

Eddy Merckx pode se orgulhar de um número extraordinário de triunfos pessoais: 525 vitórias na carreira e 54 em uma única temporada.

UMA PARADA EM SUA HOMENAGEM!

No metrô de Bruxelas, uma estação leva seu nome. Lá, é possível admirar a bicicleta na qual, em 1972, ele estabeleceu um recorde mundial de distância percorrida em uma hora.

2 Números de tirar o fôlego

Ao longo de sua carreira, ele venceu 5 edições tanto do Tour de France quanto do Giro d'Italia, 1 Vuelta, 3 Campeonatos Mundiais de Estrada e 28 "Clássicas". Por 7 anos consecutivos (de 1969 a 1975), ele liderou o ranking Super Prestige Pernod.

3 Expandindo os limites

Ele participou de 1.585 competições profissionais, vencendo 445 delas (quase uma a cada três). Calcula-se que ele pedalou cerca de 500.000 km em corridas de estrada!

ALEMANHA

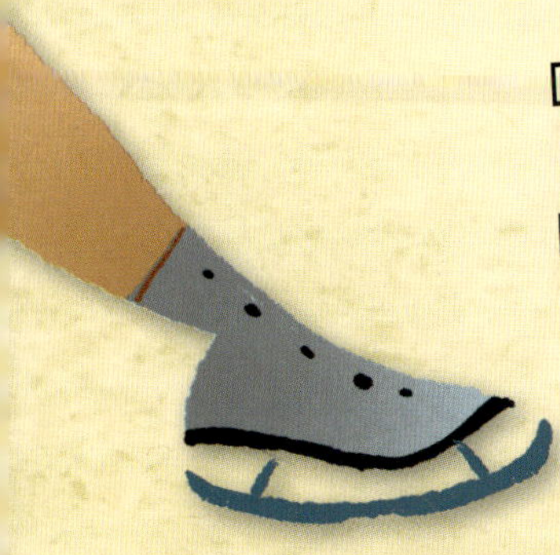

KATARINA WITT

Borboleta no gelo

NOME:
Katarina Witt

APELIDO:
Kati

DATA DE NASCIMENTO:
03 de dezembro de 1965

LOCAL DE NASCIMENTO:
West-Staaken, Berlim Oriental (antiga República Democrática Alemã)

CARACTERÍSTICAS DISTINTAS:
Elegância, graça, harmonia, sintonia com o gelo.

PATINAÇÃO NO GELO

"*Mais leveza, mais delicadeza*", repetia meu treinador, "*você deve acariciar o gelo como o vento acaricia a grama*". Meus patins deslizavam sobre o gelo, esculpindo arcos perfeitos e deixando um anel metálico no silêncio do palácio de gelo. Tento um *loop*, depois um *lutz*, e... opa! Estou sentada no gelo. Me levanto, balanço a cabeça e recomeço. Rapidamente recupero a velocidade: desta vez vai dar certo! A patinação artística exige muita concentração e controle, é incrível: cada gesto, mesmo o mais simples, pode causar problemas. Meu trabalho é me tornar uma só com o gelo. Sem distrações, caso contrário, dói! Claro, quem me assiste dançar vê a elegância única dos meus movimentos, mas talvez não perceba que por trás de cada passo há uma vida inteira de treinamento e esforço físico que muitas vezes me deixa exausta. Mas eu adoro patinar, é minha vida, minha forma de expressar o que sinto, e nunca desisti. É engraçado. Toda vez que calço meus patins, tenho a sensação de, "*Ei! Estou com o calçado certo*". A pista de gelo é o local onde posso me mover, dançar, interpretar a música, mas, acima de tudo, mostrar ao mundo minha alegria e paixão.

Recordes, vitórias e derrotas de uma grande campeã

1 Fred Boitano e Ginger Witt

Por três anos, ela excursionou pelos EUA com Brian Boitano, medalhista de ouro em Calgary 1988. Seu espetáculo em dupla esgotou ingressos por todo o país, incluindo o Madison Square Garden, em Nova York.

2 Para Sarajevo, com amor

Nos Jogos Olímpicos de Inverno de 1994, ela apresentou sua rotina ao som da música "*Where Have All the Flowers Gone*" (Para Onde Foram Todas As Flores?), uma conhecida e amada canção de protesto contra a guerra. Com a leveza característica de Witt, ela também enviou uma mensagem de paz ao povo sitiado de Sarajevo, devastada pela guerra.

3 A Rainha do Gelo cujo coração derreteu

Em 2005, ela fundou a Katarina Witt Foundation, que ajuda garotos e garotas com deficiências físicas, fornecendo soluções de mobilidade como próteses e cadeiras de rodas.

4 Os heróis da Kati? Paraolímpicos

A estrela da dança no gelo sempre apoiou atletas paraolímpicos, admirando a coragem deles em perseguir um sonho. Ao mesmo tempo, ela utilizou sua voz para denunciar, de forma sutil, as desigualdades sociais.

5 Confidencial: "Monitorar Katarina"

Por muito tempo considerada a Joia da Coroa do esporte da Alemanha Oriental, cada movimento de Witt era espionado e monitorado pela Stasi, a polícia secreta da RDA (República Democrática Alemã). Quando os arquivos confidenciais foram abertos, mais de 3.000 páginas foram descobertas sobre a estrela da dança no gelo.

Superstar

Incluída no Hall da Fama Mundial de Patinação Artística em 1995, Katarina foi eleita "Patinadora do Século" quatro anos depois. Ela fez sua apresentação de despedida em 2008. Desde sua aposentadoria, trabalhou como treinadora, consultora, apresentadora de TV e produtora.

A Batalha das Duas Carmens

Em 27 de fevereiro de 1988, nos Jogos Olímpicos de Calgary, ocorreu a chamada "Batalha das Carmens". Tanto Katarina quanto sua rival Debi Thomas (EUA) escolheram patinar ao som da música de Bizet. Em uma competição acirrada, Witt conseguiu encantar tanto o público quanto os juízes, apresentando uma performance rica em graça e dramaticidade.

4 giros que construíram a lenda

Carreira brilhante

Ao longo de sua carreira, ela ganhou duas medalhas de ouro olímpicas (Sarajevo 1984 e Calgary 1988), quatro Campeonatos Mundiais e seis Campeonatos Europeus.

Jovem esperança

Ela frequentou uma escola para crianças talentosas, onde, a partir dos cinco anos, foi treinada pela ex-patinadora profissional Jutta Müller.

Patinando na tela grande

Protagonista no filme alemão "*Carmen on Ice*", ela apareceu diversas vezes nas telas de cinema... sempre acompanhada de seus patins.

Estrela em todos os aspectos

Atleta talentosa, Katarina encantou o público com sua graça e elegância naturais, realçadas por seus impressionantes figurinos de competição.

DICK FOSBURY

Uma nova forma de vencer

NOME:
Richard Douglas Fosbury

APELIDO:
Dick

DATA DE NASCIMENTO:
06 de março de 1947

DATA DE FALECIMENTO:
12 de março de 2023.

LOCAL DE NASCIMENTO:
Portland, Oregon, EUA

CARACTERÍSTICAS DISTINTAS:
Revolucionou o salto em altura.

Meu treinador continua me dizendo que estou errado, que o que estou fazendo não faz absolutamente nenhum sentido neste evento. "*O salto em altura se faz de frente para o sarrafo, e não de costas para ele como você está fazendo! O que te levou a pensar em fazer isso desse jeito?*" Ele simplesmente não entende: quando eu salto me impulsionando para trás, consigo desenvolver mais potência e elevação no salto. Claro, já tentei o estilo que todos os outros saltadores usam, mas algo não me convenceu. Dou três passos em direção ao sarrafo (obstáculo) e, quando estou prestes a saltar, sinto minhas pernas ficarem rígidas, sem responder aos meus comandos, e então me falta a força propulsora para superar o sarrafo. Talvez eu esteja muito focado nisso, mas a ideia de não ver onde estou saltando, de fechar os olhos e confiar apenas nas tuas pernas para te impulsionarem sobre o sarrafo... essa é a melhor maneira de superá-lo, de encontrar nos seus próprios recursos a força necessária para alcançar o objetivo. Acredito que, às vezes, é preciso mudar as coisas para alcançar seus objetivos, mesmo que o mundo inteiro vá contra você. E eu sabia que, desta vez, meu salto me levaria mais alto, muito mais alto!

ATLETISMO

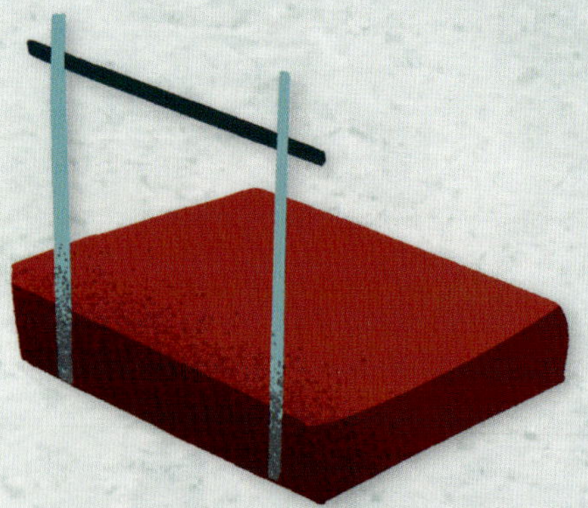

1

A Revolução Fosbury

No "*Fosbury Flop*", o saltador em altura traça uma curva nos últimos passos da corrida de aproximação. Isso proporciona mais tempo para o impulso, em que o corpo do saltador gira, arqueando-se para trás de maneira mais eficiente do que nas técnicas anteriores.

4 SALTOS QUE CONSTRUÍRAM A LENDA

"POR QUE NÃO MUDAR ISSO?"

ELE COMEÇOU A APERFEIÇOAR SUA TÉCNICA AOS 16 ANOS, APÓS OBTER RESULTADOS INSATISFATÓRIOS COM A TÉCNICA TRADICIONAL "*STRADDLE*".

FEEDBACK POSITIVO DA PISTA

EM SUA PRIMEIRA COMPETIÇÃO USANDO O NOVO ESTILO "*FOSBURY FLOP*", DICK MELHOROU SEU RECORDE PESSOAL EM NADA MENOS QUE 15 CENTÍMETROS.

POR QUE VOCÊ ESTÁ USANDO TÊNIS DIFERENTES?

ELE CONQUISTOU A MEDALHA DE OURO NO MÉXICO USANDO TÊNIS DIFERENTES, APROVEITANDO AS CARACTERÍSTICAS DISTINTAS DE DESEMPENHO DE CADA UM.

NUNCA PARADO

DEPOIS DE REVOLUCIONAR O ATLETISMO, DICK FORMOU-SE EM ENGENHARIA CIVIL, CONTRIBUINDO DE FORMA INOVADORA PARA PROJETOS EM IDAHO.

2

MAIS ALTO

NA FINAL DO SALTO EM ALTURA DOS JOGOS OLÍMPICOS DE 1968, NA CIDADE DO MÉXICO, FOSBURY SUPEROU TODAS AS ALTURAS PRELIMINARES ATÉ 2,22 M EM SUA PRIMEIRA TENTATIVA. EM SUA TERCEIRA TENTATIVA, SUPEROU 2,24 M, ESTABELECENDO UM NOVO RECORDE OLÍMPICO E CONQUISTANDO A MEDALHA DE OURO!

3

ESPECIALISTA EM PULAR ETAPAS

FOSBURY TAMBÉM "PULOU" A CERIMÔNIA DE ABERTURA DOS JOGOS OLÍMPICOS. NA NOITE ANTERIOR, PREFERIU FICAR COM AMIGOS ADMIRANDO O PORTADOR DA TOCHA PASSANDO PELA PIRÂMIDE PRÉ-COLOMBIANA EM TEOTIHUACÁN.

EUA

MICHAEL JORDAN

O HOMEM QUE VIVE NO AR

NOME:
Michael Jeffrey Jordan

APELIDOS:
MJ, Captain Marvel (Capitão Marvel), Air Jordan (Jordan do Ar), His Airness (Sua Alteza Aérea)

DATA DE NASCIMENTO:
17 de fevereiro de 1963

LOCAL DE NASCIMENTO:
Brooklyn, New York, EUA

CARACTERÍSTICAS DISTINTAS:
O maior jogador de basquete de todos os tempos.

BASQUETE

Meu pai sempre dizia que nunca é tarde para fazer qualquer coisa. Talvez seja por isso que, quando chego perto da cesta, sei que posso simular movimentos antes de soltar a bola e marcar. Quando meus pés deixam o chão e eu salto, voando para cima, a única coisa que importa é enterrar aquela bola no aro e ouvir os fãs vibrarem de emoção. Dizem que consigo ficar no ar por um segundo inteiro. Cronometraram. Sei que parece pouco, mas, para mim, parece muito tempo! E eu uso cada fração de segundo para garantir que a bola entre na cesta! Muita gente diz que sou uma lenda, o maior jogador do século. Mas vou te contar algo: sou apenas humano! Perdi pelo menos 9.000 arremessos na minha carreira. Perdi quase 300 jogos. E, olha só, 26 vezes não consegui marcar o arremesso da vitória! Por que estou te contando isso? Porque sempre acreditei que falhar era a melhor maneira de descobrir o que estava errado. Isso mostra onde estão seus pontos fracos; e quando você os conhece, pode transformá-los em pontos fortes, trabalhando neles durante os treinos. E, quando você se aceita como realmente é, continua se esforçando ainda mais. E com esforço árduo, você chega aonde quer. Acredite, foi isso que eu sempre fiz. Como minha carreira mostra!

USA
9

Recordes, vitórias e derrotas de um grande campeão

1 **"Está mostrando a língua para mim?"**

Michael, seu pai e seu avô tinham o hábito de colocar a língua para fora quando se concentravam intensamente em algo. Isso explica a expressão familiar que você verá quando ele está voando em direção à cesta!

2 **"Quer uma carona?"**

Quando desembarcou do avião em Chicago, não havia táxi esperando por ele. Assim, o motorista de táxi George Koehler, que não tinha passageiros, ofereceu uma carona à estrela. Qualquer lugar que ele quisesse! Desde então, Michael e George se tornaram os melhores amigos!

3 **"Marque-o de perto!"**

O Detroit Pistons criou uma estratégia conhecida como "As Regras de Jordan": toda vez que o Pistons enfrentava o Chicago Bulls, o time inteiro marcava Jordan de perto para limitar os danos. Isso mostra o quão perigoso ele era no ataque.

4 **Sucesso na tela grande (e nos tênis)**

Ele foi o protagonista do sucesso de bilheteria de Hollywood "*Space Jam*" e, por mais de vinte anos, sua linha de tênis esportivos (Air Jordan) se tornou uma marca icônica — e não apenas para os fãs de basquete.

5 **Rei da NBA**

Entre seus vários títulos, Jordan venceu 6 campeonatos da NBA e foi o maior pontuador em 10 temporadas. Ele foi incluído 14 vezes na equipe do All-Star Game e recebeu 5 prêmios de MVP ("Jogador Mais Valioso")!

Dream Team Olímpico

Após conquistar uma medalha de ouro com a seleção universitária nos Jogos Olímpicos de Los Angeles em 1984, ele conquistou uma segunda medalha de ouro: desta vez com o Dream Team nos Jogos de Barcelona em 1992. O time de alto nível incluía: Larry Bird, Magic Johnson, Scottie Pippen, Karl Malone e Patrick Ewing.

"Esse número é meu!"

O número 23 está tão associado à carreira de Jordan que agora é visto como sua propriedade pessoal. Ele usou o 23 no ensino médio, na universidade e, claro, no Chicago Bulls. Apenas uma vez entrou em quadra com o número 12, e isso aconteceu quando um ladrão invadiu o vestiário e roubou seu uniforme!

4 enterradas que construíram a lenda

Não... esse garoto nunca vai conseguir

Em sua primeira temporada na NBA, ele marcou uma média de 28,2 pontos por jogo. No final do ano, ele foi eleito Novato do Ano. Sua média de carreira é de 32,2 pontos por jogo.

Eu apenas gosto de lembrar

Ele sempre usava enormes shorts do Chicago Bulls sobre os shorts da Universidade da Carolina do Norte. Foi lá que ele começou o que mais tarde se tornaria sua magnífica carreira.

O de sempre, por favor

Quatro horas antes de cada jogo, Jordan comia exatamente a mesma refeição: um bife com purê ou batatas assadas e uma lata de refrigerante de gengibre.

MJ pela caridade: parte do percurso

Fã de golfe e benfeitor notável, ele criou o *Michael Jordan Celebrity Invitational*, um evento beneficente de golfe realizado em Las Vegas de 2001 a 2014.

EUA

SHAUN WHITE

CADA VEZ MAIS ALTO

NOME:
Shaun White

APELIDOS:
The Flying Tomato
(Tomate Voador)

DATA DE NASCIMENTO:
03 de setembro de 1986

LOCAL DE NASCIMENTO:
San Diego

CARACTERÍSTICAS DISTINTAS:
Determinado, resiliente, dizer "Não" aos limites.

SNOWBOARD

Eu chorei. Sem brincadeira. Quando cruzei a linha de chegada e o júri me colocou em primeiro lugar, lágrimas vieram aos meus olhos. Acho que foi uma mistura de adrenalina, tensão e, quem sabe, talvez também medo. Mas eu consegui! Levei meu corpo ao limite, encerrando com um *triple cork* de 1440 graus! Caso você não saiba, isso envolve muitas torções e giros. E eu fiz isso em um snowboard, saindo da rampa e voando pelo ar. Um pouco arriscado, não é mesmo? Preciso admitir, da última vez que tentei isso, tudo deu terrivelmente errado: 62 pontos de sutura no nariz, na testa e na boca. Quando me levantei e vi a neve manchada de sangue — meu sangue —, pensei seriamente em desistir para sempre. E eu praticava esse esporte desde criança. Mas sabe de uma coisa? Essa queda mudou algo dentro de mim: eu não podia simplesmente desistir e jogar fora todo o trabalho árduo que me trouxe até aqui. Então me levantei e tentei novamente, determinado a executar aquele movimento em uma competição. Pode me chamar de louco, imprudente, mas no snowboard competitivo você nunca para de ir ao limite... e além. E isso é algo sem o qual eu simplesmente não consigo viver!

1 Coração Faminto

Nos primeiros meses de vida, Shaun passou por duas cirurgias cardíacas abertas devido a um grave defeito cardíaco. Após esse começo arriscado, ele subiu em um snowboard aos seis anos de idade... e nunca mais parou.

2 "Quero ser como Shaun White"

Três videogames de grande sucesso celebram o talento de Shaun, além de uma linha de roupas infantis chamada *Shaun White para a Target.*

4 GIROS QUE CONSTRUÍRAM A LENDA

UM NOME, UMA PRANCHA, UMA DIFERENÇA

Ele recebeu o nome de um famoso surfista profissional. Após uma onda o derrubar de sua própria prancha de surfe, o jovem Shaun foi inteligente o suficiente para escolher outro tipo de prancha... alcançando grandes resultados!

PRIMEIRO HISTÓRICO

Ao vencer o *Halfpipe* Masculino nos Jogos Olímpicos de Pyeongchang 2018, ele se tornou o primeiro *snowboarder* a ganhar 3 medalhas de ouro no mesmo evento.

UM LUGAR PARA INVENÇÕES

Com o apoio da Red Bull, ele criou o *Project X*, uma pista de treino personalizada onde pôde aperfeiçoar suas acrobacias aéreas e inventar novos movimentos para surpreender o público.

EM CASA EM UM TRAILER

Ele sempre foi tão comprometido com os treinos que, no início de sua carreira, dormia em um trailer estacionado ao lado do teleférico. Assim, ele poderia ser o primeiro a chegar às pistas.

3

Garoto de Ouro

3 vezes medalhista de ouro olímpico no *halfpipe* (modalidade de snowboard do estilo livre), Torino 2006, Vancouver 2010 e Pyeongchang 2018, e 13 vezes medalhista de ouro em diversas categorias de snowboard nos X Games de Inverno. 2 vezes medalhista de ouro nos X Games de Verão – mandando muito bem no skate!

EUA

SERENA WILLIAMS

Poder em forma de mulher

NOME:
Serena Jameka Williams

APELIDOS:
The Queen (A Rainha)

DATA DE NASCIMENTO:
26 de setembro de 1981

LOCAL DE NASCIMENTO:
Saginaw, Michigan, EUA

CARACTERÍSTICAS DISTINTAS:
Monarca reinante

TÊNIS

Observo minha adversária, que está esperando para receber meu saque. Ela se posiciona atrás da linha de fundo no lado dela da quadra, transferindo nervosamente o peso de um pé para o outro. Então, olho fixamente para ela, aperto a bola na mão esquerda, e a quico. Uma vez, duas vezes, três vezes. Respiro fundo e limpo o suor da testa. No tênis você tem que se concentrar. É um jogo de xadrez que exige resistência mental e física, além de explosões repentinas de velocidade. É por isso que preciso manter a calma. Aqueles que já me viram em ação dizem que minha força é devastadora, que sempre tento vencer o ponto em um ou dois lances. Mas isso é porque eu quero vencer, não porque estou com pressa. Jogo a bola para o alto... Meu objetivo é fazer um *ace* no primeiro saque e, se a bola sair ou bater na rede, ajusto no segundo. Meus pés deixam levemente o chão enquanto rodo a raquete para acertar a bola, que... bate na rede. A plateia reage com decepção e eu balanço a cabeça. "*Concentre-se*", digo a mim mesma. "*Não perca o foco*". Meu pai sempre dizia: "*Vá com calma e, então, ataque. Não tenha pressa. Alcance seus objetivos passo a passo.*" Respiro fundo e sorrio: chegou o momento de colocar o conselho dele em prática. Jogo a bola para o alto novamente e acerto. Uma voz grita: "*Ace.*" O público vibra em aprovação. Eu sorrio e agradeço minha família, silenciosamente.

S. WILLIAMS

Recordes, vitórias e derrotas de uma grande campeã

1 **Caso de Família**

Ela começou a jogar tênis aos três anos de idade, treinada por seu pai, Richard, que também treinou sua irmã mais velha, Venus.

2 **Sua Alteza Serena recebe na Quadra**

Quando Serena não está participando de partidas de campeonato, ela treina jogadores mais jovens em habilidades básicas de tênis em seu campo de treinamento, que é aberto a todos.

3 **Uma Estudante Criativa**

Antes de se dedicar integralmente à carreira no tênis, Serena estudou para se tornar designer de moda.

4 **"Toque Suave"**

Durante o Aberto da Austrália de 2013, Serena conseguiu um saque registrado a uma velocidade assustadora de 206 km/h.

5 **Começo Surpreendente**

Em 1995, aos 14 anos, Serena fez sua estreia no tênis profissional, perdendo sua primeira partida no Bell Challenge, em Quebec. Foi assim que ela aprendeu sua primeira grande lição no esporte: como aceitar a derrota com graça!

4 backhands que construíram a lenda

Quem é essa garota?

Serena venceu seu primeiro US Open aos 17 anos, impressionando o público, os especialistas em tênis e as adversárias com sua grande técnica e força avassaladora.

Sempre na ofensiva!

Ela tinha o saque mais poderoso do circuito feminino, pressionando suas adversárias desde as primeiras trocas de bola, com uma mistura de *backhands* e *forehands* deslumbrantes.

Alguns números

Serena conquistou uma impressionante coleção de 23 títulos de individual em Grand Slams e foi classificada como a número 1 do mundo no tênis feminino por 319 semanas consecutivas.

Poder olímpico

Com seus títulos de individual (Londres 2012) e de duplas com Venus (Sydney 2000, Pequim 2008, Londres 2012), ela ganhou nada menos que quatro medalhas de ouro olímpicas.

Serena Slam

Um novo termo foi cunhado — *Serena Slam* — aplicado quando um jogador vence os quatro principais torneios (Aberto da Austrália, Roland Garros, Wimbledon e US Open) no circuito do Grand Slam. O título surgiu em 2015, quando Serena literalmente conquistou todos esses torneios.

As irmãs Williams: um dueto

Em duas décadas, Serena e sua irmã Venus transformaram o rosto do tênis feminino. Quando se enfrentavam na quadra como adversárias, protagonizavam uma das rivalidades esportivas mais brilhantes que os fãs poderiam desejar assistir. Muito próximas em suas vidas privadas, as irmãs também formam a dupla perfeita, conquistando 14 títulos de Grand Slam juntas.

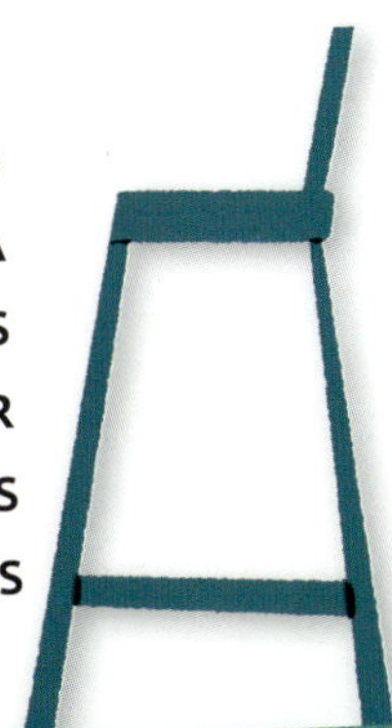

UCRÂNIA

SERGEJ BUBKA

Saltando entre as estrelas

NOME:
Serhij Nazarovyč Bubka

APELIDOS:
Zar, Spaceman (Astronauta), Soyuz

DATA DE NASCIMENTO:
04 de dezembro de 1963

LOCAL DE NASCIMENTO:
Luhans'k, Ucrânia

CARACTERÍSTICAS DISTINTAS:
Medalhista por duas nações diferentes (URSS e Ucrânia).

ATLETISMO

Toda vez que levanto a vara e começo a correr, me sinto como um foguete pronto para voar em direção às estrelas e aqueles vinte passos que dou antes do salto, são como uma contagem regressiva. Claro, é preciso força incrível para se lançar no ar, mas, ao mesmo tempo, você também precisa de extrema leveza, porque a última coisa que quer é tocar o sarrafo e derrubá-lo, como um martelo atingindo um prego! Por isso, depois de comprimir a mola que libera toda a força, preciso voar mais alto com a graça de um pássaro. Isso significa saltar com os pés apontados para cima, a cabeça para baixo e ultrapassar o sarrafo sem fazê-lo cair. Comecei a praticar essa modalidade aos nove anos de idade e ainda adoro o momento em que minhas mãos soltam a vara, que se dobrou como um galho e depois se endireita, elevando-me mais alto do que qualquer outra pessoa. Quando meu corpo passa a poucos milímetros do sarrafo, fazendo-o vibrar levemente, meu primeiro pensamento sempre é, "*Consegui ou ele vai cair no colchão abaixo?*". E, ao ouvir a vibração da multidão, sei que consegui. Mais uma vez, alcancei as estrelas!

1 **Primeiro ou nada!**

Ao longo de sua brilhante carreira, ele ultrapassou os 6 metros em 43 ocasiões, quebrou o recorde anterior 17 vezes e conquistou 13 medalhas de ouro (incluindo uma olímpica em Seul, 1988). Nunca prata, nunca bronze. Primeiro lugar ou nada!

4 SALTOS QUE CONSTRUÍRAM A LENDA

PRIMEIRO IMPRESSIONAR, DEPOIS COMPETIR

Dizem que, aos 19 anos, Bubka se classificou para seu primeiro Campeonato Mundial após saltar alturas nunca antes realizadas na frente do técnico soviético Ovanesian.

CORRA RÁPIDO, SALTE ALTO

O Czar conseguia correr 100 metros em pouco mais de 10 segundos. Nos treinos, ele "pegava leve" e fazia isso em 11 segundos cravados.

A AMEAÇA FRANCESA

Por uma estranha reviravolta do destino, a primeira vez que Bubka superou o recorde mundial, ele era de um francês, Vigneron. Outro francês, Lavillenie, foi quem superou o recorde final de Bubka.

VOANDO ALTO

Para se ter uma ideia da força de Bubka, pode ajudar pensar que ele conseguia ultrapassar uma altura duas vezes e meia maior do que o travessão de um gol de futebol.

2 Dominando a técnica

Protegido do especialista em salto com vara Vitalij Petrov, que o treinou com dedicação, Serhij Bubka foi o primeiro saltador com vara a utilizar uma empunhadura muito mais alta na vara do que a usada por outros atletas.

3 Sua Visão

Firmemente convencido de que o atletismo cumpre uma função social, como Vice-Presidente da Federação Internacional de Atletismo, ele escreve que o esporte é uma alternativa às ruas e deve promover empatia e inclusão.

VALENTINO ROSSI

Doutor Velocidade

Nome:
Valentino Rossi

Apelidos:
The Doctor
(O Doutor)

Data de nascimento:
16 fevereiro de 1979

Local de nascimento:
Urbino, Itália

Características distintas:
Extremamente veloz

MOTOCICLISMO

Dizem que não pareço ter a minha idade, que ainda pareço uma criança. Isso me faz rir, porque, ao pensar nisso, percebo que já faz um bom tempo desde que subi em uma moto pela primeira vez. Foi como montar em um animal que eu precisava domar, algo que eu precisava controlar conhecendo cada detalhe sobre ela. Eu me tornei um só com a minha moto, criando um vínculo que, às vezes, ainda não consigo explicar completamente. Sou eu quem controla a moto, ou é ela quem me controla? Sempre que faço uma curva inclinando o corpo, com o joelho quase tocando o asfalto e os níveis de adrenalina atingindo o máximo, ou quando corremos em linha reta a velocidades aterrorizantes – às vezes sob chuva torrencial – fico consciente de que o menor descuido ou erro poderia arruinar tudo e talvez trazer consequências graves. É por isso que preciso entendê-la (sim, é uma "ela!") em cada parte de sua essência. Preciso consertá-la e cuidar dela, realizar verificações regulares, melhorar seu desempenho. Porque essa é a única maneira que tenho de superar os outros pilotos, ultrapassar os limites e ouvir o som de aprovação dos fãs na arquibancada ou nos barrancos, um barulho que silencia o dos motores enquanto cruzo a linha de chegada. E, em momentos como esses, me levanto para receber a adulação dos fãs, sorrindo com satisfação, com o coração transbordando de emoção.

46

V. ROSSI

RECORDES, VITÓRIAS E DERROTAS DE UM GRANDE CAMPEÃO

1

QUEM DISSE QUE A TARTARUGA ERA LENTA?

O SÍMBOLO DA SORTE DE VALENTINO SEMPRE FOI A TARTARUGA: ELE TEM UMA IMAGEM DO RÉPTIL LENTO PINTADA EM SEU CAPACETE E APLICADA EM SUA MOTOCICLETA.

2

RANCH

PERTO DE CASA, ELE E SEU PAI CRIARAM UM CIRCUITO DE TREINAMENTO CONHECIDO COMO *RANCH*. É UMA PISTA PARTICULARMENTE DESAFIADORA, COM MAIS DE DOIS QUILÔMETROS DE EXTENSÃO, ONDE VALENTINO REALIZA TREINOS REGULARES COM MOTOS *OFF-ROAD*.

3

TIREM O DOUTOR DA CAMA!

DORMIR É UM DE SEUS PASSATEMPOS FAVORITOS, E NOS DIAS EM QUE NÃO ESTÁ COMPETINDO, ELE SE LEVANTA BEM TARDE. POR CAUSA DESSA PAIXÃO, ELE NEM SEMPRE CHEGA NA HORA PARA AS REUNIÕES!

4

MESTRE DA TERRA DO SOL NASCENTE

O PILOTO QUE MAIS INSPIROU VALENTINO É O MOTOCICLISTA JAPONÊS NORIFUMI ABE. DURANTE SEMANAS A FIO, O GAROTO QUE VIRIA A SE TORNAR CAMPEÃO ASSISTIU À GRAVAÇÃO EM VÍDEO DA CORRIDA DE ESTREIA DE ABE, FASCINADO POR SEU TALENTO E HABILIDADE.

5

"PRECISO DE UM TRAJE SOB MEDIDA!"

ANTES DE ENTRAR NA PISTA, VALENTINO SE LEVANTA NA MOTO E SE TOCA UMA VEZ NA FRENTE E OUTRA NAS COSTAS. ESSE RITUAL É UM RESQUÍCIO DOS TEMPOS EM QUE SEU MACACÃO ERA MUITO APERTADO E ELE TENTAVA AJUSTÁ-LO, MAS HOJE SE TORNOU UMA SUPERSTIÇÃO.

Número 46

O pai, Graziano, também motociclista, conquistou seu primeiro pódio no Campeonato Mundial de 250 cc no ano em que Valentino nasceu. Ele usava o número 46. É por isso que, quando o jovem campeão estreou como júnior, no início de uma carreira fabulosa, a escolha naturalmente recai sobre o número que o acompanha até hoje.

Chamem o Doutor

O apelido vem da incrível habilidade de Valentino em diagnosticar e corrigir todos os problemas de cada moto que pilotou ao longo dos anos. Claramente, ele fez um bom trabalho, pois, até hoje, foi campeão mundial 9 vezes, sendo 6 desses títulos na categoria MotoGP.

4 corridas que construíram a lenda

Ordem meticulosa

Ele sempre desmonta da mesma forma que montou e sempre coloca as botas e as luvas exatamente na mesma ordem.

Equipe Rally Rossi

Sua grande paixão é o Rally, e ele venceu o Monza Rally Show em 2005, superando seu herói de infância, o lendário Colin McRae.

Vai, Valentino, vai!

Aos nove anos, antes de se concentrar no motociclismo júnior, ele começou a competir em karts, vencendo seu primeiro campeonato aos onze anos!

Contando

Ao longo de sua carreira, ele conquistou 9 títulos mundiais, venceu 115 vezes e subiu ao pódio em 232 de 383 corridas.

REGLA TORRES

Presença imponente na rede

NOME:
Regla Radameris Torres Herrera

APELIDO:
Miss Volley (Srta. Vôlei)

DATA DE NASCIMENTO:
12 fevereiro de 1975

LOCAL DE NASCIMENTO:
Havana, Cuba

CARACTERÍSTICAS DISTINTAS:
Rainha das cortadas

VOLEIBOL

Dizem que sou séria demais na quadra, que nunca sorrio. Mas, então, eu libero uma explosão de raiva. Dizem que sou como um furacão, que demora a se formar, mas depois atinge com resultados devastadores. Respondo com calma, explicando que, neste jogo, é preciso manter os olhos na bola durante cada troca, que nunca se deve perder a concentração, nem por um instante. Os fãs e os jogadores em quadra presenciam minhas cortadas, meus gritos de alegria e raiva, e a forma como abraço minhas companheiras de equipe. Mas toda vez que salto para fazer um ataque, preciso encontrar o equilíbrio perfeito entre força e precisão, coragem e técnica. Não estou sozinha nisso, porque o vôlei é um jogo em equipe, e nosso time é muito forte, e tenho a honra de emprestar minha força a ele. Se quiser, podemos dizer que agimos quase como um único corpo, movendo-nos por instinto. Às vezes erramos e ficamos irritadas, mas quando marcamos o ponto, enlouquecemos de alegria. E se você olhar de perto para mim nesses momentos, notará um brilho no meu olhar, e que abraçar minhas companheiras de equipe ajuda a acalmar a tempestade. E onde quer que estejamos no mundo, o calor da minha terra natal cubana sempre retorna.

1 **Rivalidade esportiva**

No Campeonato Mundial de 1994, no Brasil, Cuba infligiu uma derrota humilhante às anfitriãs, vencendo a final com um placar direto de 3x0. Regla desempenhou um papel central nessa derrota, assim como em toda a intensa rivalidade entre as duas nações, que durou anos.

4 CORTADAS QUE CONSTRUÍRAM A LENDA

ALTURA E CLASSE

Com 1,91 metro de altura, Regla podia se orgulhar de uma força explosiva incomparável ao subir no ar para cortar a bola sobre a rede.

UMA VIDA DEDICADA AO VOLEIBOL

Ela começou a jogar aos oito anos de idade e, aos dezessete, tornou-se a jogadora de vôlei mais jovem da história a ganhar uma medalha de ouro olímpica!

A VITÓRIA MAIS BELA

Após uma cirurgia no joelho, ela passou por um longo período de recuperação, retornando para os Jogos de Sydney 2000. Em uma final emocionante, Cuba venceu a Rússia, e ela conquistou sua terceira medalha de ouro olímpica.

ALTAMENTE PREMIADA

Regla foi eleita a MVP (Jogadora Mais Valiosa) em dois Campeonatos Mundiais (1994 e 1998) e recebeu o prêmio de Melhor Cortada nas Olimpíadas de Sydney 2000.

2 Olimpíadas e muito mais

Jogando pela equipe feminina de Cuba, em menos de dez anos, Regla conquistou medalhas de ouro em 3 Olimpíadas (Barcelona 1992, Atlanta 1996 e Sydney 2000). Ela acrescentou a isso 2 Campeonatos Mundiais, 3 Copas do Mundo, 2 Grand Prix Mundiais e 2 Jogos Pan-Americanos.

3 Habilidades incomparáveis em todas as posições

Uma exímia executora das cortadas, ela também era amplamente admirada por sua habilidade em sacar, receber e bloquear na rede. Foi em grande parte devido à sua capacidade completa que, em 2001, ela foi eleita a Melhor Jogadora de Vôlei do Século XX!

SÉRVIA

NOVAK DJOKOVIC

Vencendo com um sorriso

NOME:
Novak Đoković

APELIDO:
Nole, Djoker

DATA DE NASCIMENTO:
22 maio de 1987

LOCAL DE NASCIMENTO:
Belgrado, Sérvia

CARACTERÍSTICAS DISTINTAS:
em Wimbledon, ele sempre prova uma folha de grama

Vou te contar algo estranho: eu gosto de perder. Não estou brincando, e vou te explicar o porquê. Quando você sofre uma derrota ou contratempo, é o momento de descobrir o que deu errado, trabalhar para corrigir e começar tudo de novo. Claro, eu fico bravo e chateado se meu oponente leva a melhor, mas então paro para pensar e recupero meu bom humor. Muitas pessoas dizem que sou "imbatível", mas eu não concordo com isso. Você nunca sabe como uma partida vai se desenrolar, então, cada vez que jogo, coloco meu coração e alma em cada troca de bola. Tento impor meu jogo ao do adversário, pressionando-o constantemente para forçar um erro. É disso que o tênis se trata: é uma mistura de resistência e concentração, onde você precisa estar preparado para o inesperado. Você nunca pode relaxar, nunca pensar "eu sou o melhor", porque a qualquer momento as coisas podem mudar!

Por isso, se eu perder, vejo isso como uma oportunidade de melhorar meu jogo, de ver o que precisa ser ajustado, sabendo que, se eu conseguir fazer a mudança, me tornarei um jogador e uma pessoa melhor. E acredite, nunca desisti, nunca me rendi a um problema, mas sempre voltei com um sorriso no rosto!

TÊNIS

Recordes, vitórias e derrotas de um grande campeão

1

Campeão completo

Ele conquistou 16 títulos de Grand Slam, 5 ATP World Tour Finals (4 consecutivos, um recorde histórico) e 33 torneios Masters 1000. Nos Jogos Olímpicos de Pequim 2008, ele ganhou a medalha de bronze no individual masculino.

2

Homem para todas as superfícies

Seu estilo de jogo combina agressividade, força e resistência. Ele é um jogador excepcional em todas as superfícies (saibro, grama e sintético), além disso, é reconhecido por sua habilidade em manter a forma em partidas extremamente longas.

3

Destruidor de gigantes

Ele é um dos apenas quatro jogadores que derrotaram Roger Federer três vezes no mesmo ano, além de ser o único a vencer tanto Federer quanto o espanhol Rafa Nadal no mesmo torneio em três ocasiões!

4

O primeiro sérvio

Em 2008, ele conquistou seu primeiro torneio de Grand Slam, vencendo o Australian Open e se tornando o primeiro sérvio da história a triunfar em um dos torneios mais prestigiados do circuito mundial de tênis.

5

"Esse garoto é uma criança prodígio"

Aos seis anos, ele foi notado pela tenista e treinadora Jelena Genčić, que o orientou até os 12 anos, preparando-o para sua estreia profissional aos 14 anos.

Partidas maratonas!

Ele saiu vitorioso de duas das finais mais longas da história do tênis. No Australian Open de 2012, venceu Rafa Nadal após 5 horas e 53 minutos. Já em Wimbledon, derrotou Roger Federer em "apenas" 4 horas e 57 minutos, encerrando com um épico *tiebreak*!

Djoker, o brincalhão

Entre uma vitória e outra, Djoković gosta de entreter o público imitando os gestos e estilos de outros grandes jogadores. Suas paródias carinhosas de Rafa Nadal, Roger Federer e Maria Sharapova, disponíveis no YouTube, já acumulam milhões de visualizações!

4 saques que construíram a lenda

Direto ao coração

Em 2007, ele criou a fundação que leva seu nome e apoia projetos de desenvolvimento para crianças na Sérvia.

Campeão multilíngue

Djoković é um grande entusiasta de línguas e fala – até o momento – sérvio, inglês, francês, alemão e italiano!

Estrela adolescente do tênis

Aos 14 anos, Djoković conquistou títulos do Campeonato Europeu nas categorias individual, duplas e por equipes. Ele também ganhou uma medalha de prata no Campeonato Mundial Juvenil.

Isso é para você

Ele ganhou sua primeira raquete de tênis do pai aos quatro anos de idade, mas foi aos seis que decidiu usá-la em uma quadra de tênis... e foi então que seu talento explodiu!

ETIÓPIA

ABEBE BIKILA

MARATONISTA QUE CORRE DESCALÇO

NOME:
Abebe Bikila

APELIDO:
The Ethiopian Gazelle
(Gazela Etíope)

DATA DE NASCIMENTO:
07 de agosto de 1932

LOCAL DE NASCIMENTO:
Jato, Etiópia

DATA DE FALECIMENTO:
25 de outubro de 1973

CARACTERÍSTICAS DISTINTAS:
Espírito inabalável que nenhuma dificuldade, por maior que fosse, podia deter.

MARATONA

Lembro-me do movimento rítmico das minhas pernas: uma passada, depois outra, e outra. Meus pés descalços golpeavam as pedras pavimentadas de Roma enquanto eu corria pelos monumentos do Antigo Império Romano. Eu me sentia como Fidípides, que, segundo dizem, correu 42 km para levar a notícia da vitória ateniense sobre os persas quando eles invadiram Maratona. A corrida que eu corria era chamada de "maratona" para homenagear este evento histórico, e eu era um corredor de maratona. E, ainda assim, eu não era da Grécia, nem mesmo da Europa. Eu era etíope e vinha da África, um continente atormentado pela fome e pela guerra. Não era o favorito, e muitos diziam que não tinha chance de vencer, mas lá estava eu. Quilômetro após quilômetro, a multidão se reunia para me apoiar, dizendo que eu corria com a elegância de uma gazela. Lembro-me das luzes que brilhavam nos últimos metros da pista, quando meus pés me levaram ao Estádio Olímpico e eu cruzei a fita de chegada para vencer. E enquanto eu recuperava o fôlego, tive uma visão: eu era o novo Fidípides, levando a notícia da vitória que encheria meu povo de orgulho. Eu fui o primeiro atleta africano a triunfar nos Jogos Olímpicos!

1

Competindo consigo mesmo

Abebe foi o primeiro corredor a vencer duas maratonas olímpicas consecutivas: Roma, em 1960, e Tóquio, quatro anos depois. Em ambas as ocasiões, ele estabeleceu um novo recorde olímpico. Na verdade, em Tóquio ele reduziu seu próprio recorde em três minutos e quatro segundos!

4 PASSOS QUE CONSTRUÍRAM A LENDA

NASCIDO SOB UMA ESTRELA CHAMADA MARATONA

Bikila nasceu em 7 de agosto de 1932, na Etiópia. No mesmo dia, em Los Angeles, a maratona estava sendo disputada na 10ª edição dos Jogos Olímpicos modernos.

ATLETA E SOLDADO

Em sua terra natal, Abebe era soldado e servia como guarda-costas do lendário rei Haile Selassie, negus da Etiópia.

CHAME O CORREDOR RESERVA

Ele entrou para a equipe etíope no dia anterior à partida para Roma, substituindo o corredor titular, Wami Biratu, que havia torcido o tornozelo.

UMA LENDA QUE INSPIROU O MUNDO

Ele se tornou um exemplo inspirador para o mundo inteiro seguir, a ponto de, em seu túmulo, as inscrições estarem em aramaico, italiano e japonês.

2 Nenhum obstáculo é grande demais

Após um acidente de carro em 1969, no qual perdeu o uso das duas pernas, Abebe não abandonou o esporte. Ele começou a praticar arco e flecha e até tentou dirigir um trenó puxado por cães. Sua determinação era simplesmente sobre-humana!

3 Um campeão descalço

Para a maratona dos Jogos Olímpicos de Roma em 1960, ele deveria ter usado um par de calçados que, por serem novos, lhe causaram bolhas dolorosas. Portanto, decidiu percorrer os 42.195 km descalço, entrando assim para os livros de história.

ITÁLIA

ALBERTO TOMBA

EXPLOSÃO NA NEVE

NOME:
Alberto Tomba

APELIDOS:
Tomba la Bomba (Bomba), Homem com Tração nas Quatro Rodas

DATA DE NASCIMENTO:
19 de dezembro de 1966

LOCAL DE NASCIMENTO:
San Lazzero di Savena, Itália

CARACTERÍSTICAS DISTINTAS:
Uma avalanche de força

SKI

Chego à largada com um sorriso no rosto e digo "*Ciao*" ao meu treinador, que me dá uma piscadela. As pessoas me observam enquanto eu coloco meus esquis de dois metros – não os mais curtos que eles usam hoje em dia – e depois ajusto meus óculos de esqui. Olho para o percurso abaixo de mim. Para ficar em primeiro lugar, preciso descer a encosta, desviando entre os portões azuis e vermelhos mais rápido do que qualquer outra pessoa. Isso é *slalom*. Fácil, certo? Claro. Enquanto me concentro no trabalho, o sorriso desaparece. Não sou mais extrovertido, sempre pronto para fazer uma piada. Agora sou uma bomba prestes a explodir. "*La Bomba*" é como me chamam. Me impulsiono para frente, iniciando a descida. Muitos esquiadores deslizam entre os portões, mas eu – eu os enfrento com agressividade. Me inclino sobre eles, flexionando os joelhos e as coxas como uma mola, sentindo as bandeiras enquanto batem no meu corpo. Meus esquis chegam a um triz de cada portão: nunca chego a tocá-los, nunca caio. Algo que você não esperaria de um esquiador tão grande e corpulento como eu, mas aprendi a equilibrar força e controle. Em menos de um minuto, cruzo a linha de chegada e olho para o relógio. O placar mostra que estou na liderança. O sorriso retorna ao meu rosto.

1
ITALIA

A. TOMBA

Recordes, vitórias e derrotas de um grande campeão

1

Um recorde italiano

Após seu triunfo no Slalom, nas finais de Crans-Montana, em 1998, Alberto se tornou o primeiro esquiador italiano a vencer pelo menos uma competição por ano durante onze temporadas consecutivas.

2

A Taça está de volta!

Em 1995, graças às vitórias nos Slaloms Gigante e Especial, Tomba traz a Taça de Cristal de volta à Itália após uma ausência de 20 anos. Este troféu tão valorizado é concedido ao esquiador que ocupa o 1º lugar no ranking geral da Copa do Mundo.

3

Tomba, o ser humano

Em 1995, ele triunfa no Slalom Gigante em Kranjska Gora, na Eslováquia, dedicando sua vitória às vítimas da guerra na Bósnia. Dessa forma, Alberto chamou a atenção do público mundial para a tragédia.

4

Ele não fica no chão!

Durante a segunda rodada do Slalom Gigante na Sierra Nevada, em 1996, ele realiza uma façanha miraculosa: após sair muito aberto em um portão, conseguiu se levantar e vencer a competição.

5

"Uma pausa momentânea"

Durante o Slalom Especial em Lech em 1994, após um início agressivo em sua descida, ele para por um momento no meio do caminho, então começa novamente, terminando em primeiro lugar. O relógio parou apenas 0,77 de segundo antes do tempo vencedor anterior!

Slalom com novo estilo

Fisicamente maior, mais pesado e mais forte que seus rivais, Alberto revolucionou o estilo do Slalom. Ele trouxe agressividade à descida, desafiando todos os limites e, às vezes, chegando perto de cair ou perder sua liderança.

"Não se preocupe, mãe!"

Em 1989, durante a Copa do Mundo em Val-d'Isère, França, ele sofreu uma queda grave no Slalom Supergigante, quebrando a clavícula. Após essa lesão, prometeu à sua mãe que deixaria de competir em percursos que fossem particularmente íngremes e rápidos.

4 descidas que construíram a lenda

Esquiando rumo à vitória

Ele conquistou 3 medalhas de ouro olímpicas e 4 Copas do Mundo, tanto no Slalom Especial quanto no Slalom Gigante.

Alberto, o alquimista

Seu primeiro pódio foi aos 19 anos, quando ficou em 3º lugar no Slalom Gigante em Alta Badia, Itália. Mais tarde, ele transformaria bronze em ouro.

Mantendo sua palavra

Ele anunciou publicamente que venceria tanto o Slalom quanto o Slalom Gigante nas Olimpíadas de Inverno de 1988, em Calgary. E adivinhe só! Foi exatamente o que ele fez!

Ídolos derrubados

Aos 21 anos, ele vence o Slalom em Sestriere, derrotando o homem que era sua inspiração e ídolo: o lendário esquiador sueco Ingemar Stenmark.

STEPHEN REDGRAVE

REMANDO PARA OS LIVROS DE HISTÓRIA

NOME:
STEPHEN GEOFFREY REDGRAVE

APELIDOS:
THE FOREMAN (O CAPATAZ), STEVE

DATA DE NASCIMENTO:
23 DE MARÇO DE 1962

LOCAL DE NASCIMENTO:
MARLOW, GRÃ-BRETANHA

CARACTERÍSTICAS DISTINTAS:
SUA ALTURA – 1,95 M

ALGUMAS PESSOAS DIZEM QUE TODAS AS MINHAS VITÓRIAS VÊM DO MEU ENORME DESEJO DE VENCER A QUALQUER CUSTO, MAS, NA VERDADE, ELAS SÃO FRUTO DE DISCIPLINA, TEIMOSIA E TRABALHO ÁRDUO. ALÉM DE INTERMINÁVEIS HORAS NA ACADEMIA E NA ÁGUA. QUANDO ENTREI EM UM BARCO DE CORRIDA PELA PRIMEIRA VEZ, AS PESSOAS ME LANÇAVAM OLHARES ESTRANHOS PORQUE EU ERA GRANDE E DESAJEITADO DEMAIS PARA ESSE TIPO DE ESPORTE. MAS SABE DE UMA COISA? FOI UMA SENSAÇÃO INCRÍVEL: DESLIZAR SOBRE A ÁGUA, IMPULSIONADO APENAS PELA FORÇA DOS MEUS BRAÇOS, ERA SIMPLESMENTE MARAVILHOSO! A PARTIR DAQUELE MOMENTO, O REMO SE TORNOU MINHA VIDA E ME DEU A CHANCE DE SUPERAR TODOS OS TIPOS DE OBSTÁCULOS. POR EXEMPLO, QUANDO FUI DIAGNOSTICADO COM DIABETES – E MUITOS PENSARAM QUE EU IRIA ME APOSENTAR – EU NÃO DESISTI. POR QUE DEVERIA? DEPOIS DE MUDAR MINHA DIETA, CONTINUEI REMANDO COMO ANTES E CONQUISTEI MINHA QUINTA MEDALHA DE OURO OLÍMPICA! O QUE QUERO DIZER A VOCÊ É O SEGUINTE: TODOS NÓS TEMOS A CHANCE DE PRATICAR UM ESPORTE E, COM MUITO TRABALHO E UM SONHO, VOCÊ PODE CONQUISTAR EXATAMENTE O QUE DESEJA DA VIDA... MESMO QUE, COMO EU, VOCÊ SEJA GRANDE E DESAJEITADO!

REMO

1

O PRIMEIRO, O MAIOR

REDGRAVE FOI O PRIMEIRO ATLETA BRITÂNICO A GANHAR 5 MEDALHAS DE OURO CONSECUTIVAS EM OLIMPÍADAS, DE 1984 A 2000 (LOS ANGELES, SEUL, BARCELONA, ATLANTA E SYDNEY). TAMBÉM CONQUISTOU 9 MEDALHAS DE OURO EM CAMPEONATOS MUNDIAIS (DE 1986 A 1999).

2

ESCOLA DE REMADORES

ELE COMEÇOU A REMAR QUANDO ESTAVA NA ESCOLA EM MARLOW, ÀS MARGENS DO TÂMISA. SUAS PRIMEIRAS VITÓRIAS VIERAM COM O TIME DA ESCOLA, LIDERADO POR FRANCIS SMITH. OUTROS TRÊS FUTUROS ATLETAS OLÍMPICOS FAZIAM PARTE DA EQUIPE.

4 REMADAS QUE LEVARAM A LENDA

LEVANTE-SE, SR. CAVALEIRO

Em 2001, a Rainha Elizabeth II concedeu-lhe o título de "Sir Stephen". Ele foi o primeiro atleta olímpico da história a receber este título.

SEM PROBLEMAS

Steve Redgrave é disléxico, mas não deixa que isso o incomode. Ele é frequentemente convidado para comentar em programas de rádio e televisão.

O MAIOR ATLETA OLÍMPICO BRITÂNICO

Ele carregou a tocha nos Jogos de Pequim e, em 2012, fez parte da equipe que acendeu a chama olímpica em Londres.

DOIS HOMENS EM UM BARCO!

Na categoria dois sem timoneiro, com Matthew Pinsent, ele permaneceu invicto por quatro anos: desde o Campeonato Mundial de 1991, na Áustria, até o de 1995, na Finlândia.

3

Dieta de Ouro

Ele participou das Olimpíadas de Sydney, apesar de ter sido diagnosticado com diabetes, ajustando sua dieta e treinamento, tornando-se o remador mais velho até hoje a ganhar uma medalha de ouro.

EUA

CARL LEWIS

FILHO DO VENTO

NOME:
Frederick Carlton Lewis

APELIDOS:
Son of the Wind (Filho do Vento), King Carl (Rei Carl)

DATA DE NASCIMENTO:
01 de julho de 1961

LOCAL DE NASCIMENTO:
Birmingham, Alabama, EUA

CARACTERÍSTICAS DISTINTAS:
Poucos seres humanos correram mais rápido ou saltaram mais longe.

ATLETISMO

Determinação é tudo. Essa é a minha receita para alcançar meus objetivos. E isso significa ultrapassar os limites. Não é segredo que gosto de chegar em primeiro lugar, e sei com certeza que, se treinar duro e continuar trabalhando nos detalhes de desempenho, posso conseguir. Minhas corridas duram muito pouco tempo: 100 ou 200 metros por corrida, que você precisa correr em dez, vinte segundos, pouco menos. O que você conseguiria fazer nesse tempo? Como se sentiria se todo o trabalho de sua vida fosse comprimido nesses poucos momentos e, por algum motivo, você não conseguisse? Vou contar o que faço quando as coisas não saem como o planejado: fico furioso. Depois respiro fundo, volto e começo tudo novamente. Com determinação e compromisso. A mesma coisa no salto em distância, quando eu corro pela pista de impulso, bato na tábua e salto. Um ou dois centímetros podem fazer toda a diferença, e estou sempre procurando melhorar. Dizem que não gosto de falar, de dar entrevistas, mas é assim que sou. Quando há uma pergunta, respondo com os fatos. O trabalho árduo e o sacrifício no treinamento é o que traz os resultados. Os resultados falam por si. Você está olhando para a prova viva.

USA

Recordes, vitórias e derrotas de um grande campeão

1 **Correndo e saltando para a história olímpica**

Saltador em distância e velocista, Carl Lewis conquistou 10 medalhas olímpicas, sendo 9 delas de ouro. Ele competiu em quatro Olimpíadas consecutivas, começando nos Jogos de Los Angeles em 1984.

2 **Corre-se (e salta-se) em família**

A mãe, Evelyn, era especialista em saltos e barreiras, enquanto o pai, William, foi seu primeiro treinador. Sua irmã, Carol, também é saltadora em distância.

3 **"Estou pronto, mas terei que esperar"**

Se Carl Lewis tivesse competido nas Olimpíadas de Moscou em 1980, poderia ter ostentado um recorde de cinco participações olímpicas. No entanto, os Estados Unidos decidiram boicotar Moscou e retiraram sua equipe.

4 **"Se eu posso pular, também posso correr"**

Embora inicialmente tenha se especializado no salto em distância, Lewis possuía uma velocidade de *sprint* excepcional. Isso o levou a competir nos 100 e 200 metros, além do revezamento 4x100 metros.

5 **Glória eterna**

Carl foi eleito "Esportista do Século" pelo Comitê Olímpico Internacional (COI), "Atleta Mundial do Século" pela IAAF e "Olimpiano do Século" pela revista *Sports Illustrated*.

Duelo com Mike Powell

Nos Campeonatos Mundiais de Tóquio, em 1991, ocorreu um confronto emocionante no salto em distância entre Carl Lewis e Mike Powell. Carl alcançou a marca de 8,91 metros, estabelecendo um novo recorde mundial. No entanto, na rodada seguinte, Powell superou essa marca com um salto de 8,95 metros.

A última grande corrida

Ainda em Tóquio (1991), Lewis venceu Leroy Burrell e Linford Christie na final dos 100 metros, conquistando a medalha de ouro e estabelecendo um novo recorde mundial de 9,86 segundos.

4 saltos que construíram a lenda

Domínio absoluto

Ao longo de sua carreira, além das vitórias olímpicas, ele conquistou 13 medalhas em Campeonatos Mundiais e Jogos Pan-Americanos, sendo 10 delas de ouro.

Quatro vezes ouro!

Nos Jogos Olímpicos de Los Angeles, em 1984, ele ganhou 4 medalhas de ouro (salto em distância, 100 metros, 200 metros e revezamento 4x100 metros), igualando a performance de Jesse Owens em 1936.

Você precisa crescer

Anteriormente considerado baixo para sua idade, aos dezesseis anos Lewis cresceu impressionantes seis centímetros em apenas um mês.

Quem você está chamando de velho?!

Nos Jogos Olímpicos de Atlanta, em 1996, ele ganhou sua 4ª medalha de ouro consecutiva no salto em distância, entrando mais uma vez para os livros de história do atletismo.

EUA

TIGER WOODS

MAGO DO GOLFE

NOME:
Eldrick Tont Woods

APELIDOS:
Tiger (Tigre)

DATA DE NASCIMENTO:
30 de dezembro de 1975

LOCAL DE NASCIMENTO:
Cypress, California, EUA

CARACTERÍSTICAS DISTINTAS:
Sua árvore genealógica inclui ascendência nativa americana, afro-americana, tailandesa, alemã e chinesa.

GOLF

O *green* do décimo oitavo buraco está logo ali, atrás de uma linha de árvores. A bola saltou do *fairway* e foi para o *rough*. Agora, preciso tirá-la de lá para me aproximar do buraco final. Aceno para o meu *caddie* e olho para os tacos na minha bolsa, passando minha luva sobre as cabeças prateadas. O golfe é um esporte de precisão em que cada tacada exige a pressão e força certas. Isso significa escolher o taco com cuidado! Endireito a bola, inclino-me levemente para frente e movimento o taco de aproximação delicadamente. Todos os olhos estão voltados para mim, mas naquele momento, estou totalmente sozinho no campo. Respiro fundo e seguro o ar: visualizo o voo da bola antes de fazer o movimento de recuo e executar a tacada. Não sei explicar como, mas sei que conseguirei enviar a bola exatamente para onde quero, mesmo que seja tão leve e que o menor sopro de vento possa desviá-la do curso! Ajusto a força na tacada e dou um golpe preciso, fazendo a bola saltar no ar e quicar suavemente no *green*, parando a poucos centímetros do buraco. Respiro novamente e sorrio. Consegui mais uma vez!

1

TREZE ANOS NO TOPO

Ele acumulou mais semanas no topo do Ranking Mundial Oficial de Golfe do que qualquer outro jogador de golfe masculino da história: 683 semanas. Isso é mais do que o dobro do recorde anterior estabelecido por Greg Norman (331 semanas).

4 TACADAS QUE CONSTRUÍRAM A LENDA

O TIGRE LUTADOR

Seu apelido, "*Tiger*" (Tigre), veio de um amigo de seu pai, um ex-coronel do exército da República do Vietnã: Vuong Dang Phong era conhecido como "*le tigre*" (o tigre).

RECORDISTA

Ao vencer o Zozo Championship no Japão em 2019, ele igualou o recorde de 82 vitórias em torneios de alto nível estabelecido por Sam Snead. Esse recorde permaneceu por 54 anos!

O MAIS JOVEM DE TODOS OS TEMPOS

Em 1992, aos 16 anos, ele participou de seu primeiro torneio PGA, um dos clássicos do circuito profissional. Ele continua sendo o competidor mais jovem de todos os tempos.

VOCÊ GANHA ALGUMAS, PERDE OUTRAS

Em 2005, ele foi eliminado de um torneio no Texas. Desde 1998, em todos os lugares onde havia jogado, ele sempre havia completado a rodada de dezoito buracos.

2 Tiger, Tiger, viva chama!

Filho da promessa, ele foi exposto ao golfe aos seis meses de idade, observando fascinado enquanto seu pai Earl praticava na garagem. Aos três anos de idade, ele completou o campo de golfe de nove buracos da Marinha em apenas 48 tacadas!

3 Jogo de tacadas inigualável

O termo "*par*" é o número de tacadas necessárias para completar uma rodada de 18 buracos. Na história dos torneios de golfe do mais alto nível, apenas 8 vencedores terminaram 18 abaixo do *par*. Em 5 dessas ocasiões, o nome no cartão de pontuação era Tiger Woods.

ÍNDICE

Embora seja baseado em personagens reais, este livro é uma obra de ficção, e todos os eventos aqui descritos são livremente inspirados em fatos reais que são de domínio público.